Linda Berg

Lustige Fingerübungen für Kinder

Piano · Klavier · Keyboard

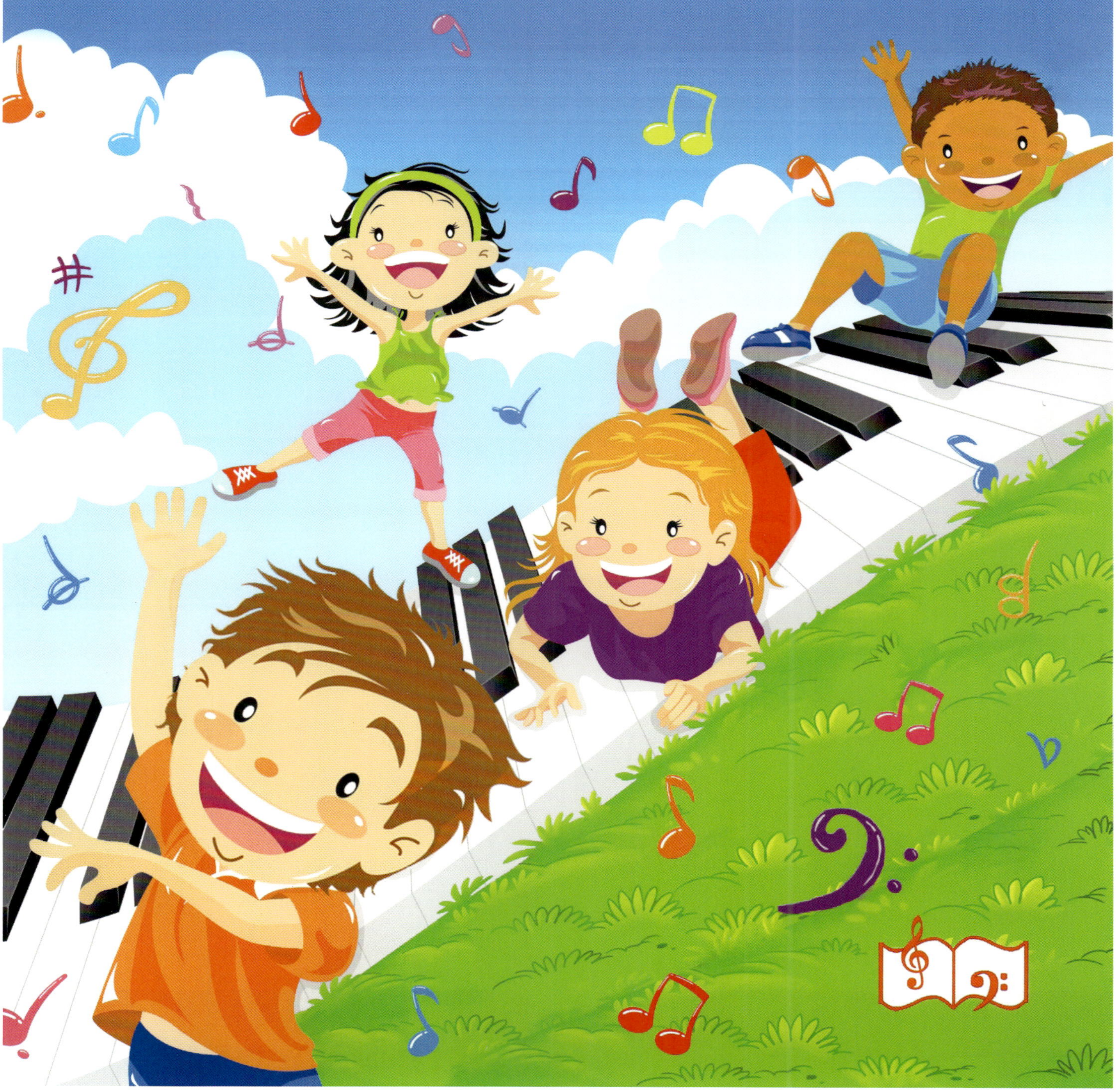

Vorwort

Das Buch „Lustige Fingerübungen für Kinder" erfasst 120 kurze einfache effektive Übungsstücke für Anfänger. Die bunten fröhlichen Illustrationen entsprechen dem musikalischen Charakter der Übungen und erwecken die Fantasie der Kinder, das bringt die Freude und Begeisterung beim Einüben. Das vielfältige Lernmaterial ermöglicht den Kindern ab 5 Jahren und älter die wichtigen Elemente des Klavierspielens zu erarbeiten. Die kurzen Erklärungen umfassen Themen: Noten- und Pausenwerte, Taktarten, Noten von Kleine Oktave, Erste Oktave und Zweite Oktave, legato, staccato.

Die Übungen festigen Notenkenntnisse und das Verständnis der leichten Rhythmen, fördern die Fingergeläufigkeit und freie Orientierung auf der Klaviatur, unterstützen die Entwicklung des musikalischen Gedächtnisses, beschleunigen und besiegeln den Erfolg jeder Klavierschule.

Liebe Kinder, liebe Eltern, liebe Lehrerinnen und Lehrer, von Herzen wünsche ich Ihnen viel Freude und viel Erfolg in der wunderbaren Welt der Musik!

Linda Berg

ISBN 978-3-9822915-2-9

Linda Berg
Lustige Fingerübungen für Anfänger
Musik für Kinder

2. Auflage November 2022
Mail: musik-berg@web.de
Printed in Germany

Inhaltsverzeichnis

Non legato

Nr.1-2 non legato Fingern 2., 3. .... Seite 5
Nr.3-4 non legato Fingern 2., 3., 4. 6
Nr.5-6 non legato Fingern 3., 4., 5 6
Nr.7 non legato Fingern 5.-1., 1.-5. 7

Zwei Noten legato

Nr.8-9 legato Fingern 1., 2. 8
Nr.10-11 legato Fingern 2., 3. 8
Nr.12-13 legato Fingern 3., 4. 9
Nr.14-15 legato Fingern 4., 5. 10
Nr.16-17 **legato 5 Noten Fingern 1.- 5.** 10

Drei Noten legato

Nr.18-19 legato Finger 1.-3., 2.-4., 3.-5. . 11

Das Spiel mit beide Hände gleichzeitig

Nr.20 non legato 3. Fingern gleichzeitig.... 12
Nr.21 legato 1.-3. Fingern gleichzeitig 12
Nr.22 legato 3.-5. Fingern gleichzeitig 12
Nr.23 legato 1.-5. Fingern gleichzeitig 12

Die punktierte halbe Note

Nr.24 **3/4 Takt**. Zwei Stimmen 13
Nr.25-28 **3/4 Takt**. (Hände gleichzeitig). 14
Nr.29 **2/4 Takt** Intervalle (rechte Hand).. 15
Nr.30 **2/4 Takt** Intervalle (linke Hand) 15
Nr.31-35 Intervalle (Gebrochene Terzen).. 16

Achtelnoten, punktierte Viertel

Nr.36-38 Achtelnoten 17
Nr.39 **3/8 Takt** Achtelnoten (rechte H.) .. 18
Nr.40 **3/8 Takt** Achtelnoten (linke H.) 18

Staccato

Nr.41 Staccato 19

Sprünge

Nr.42-43 Sprünge .... Seite 20
Nr.44-45 Sprünge (gekreuzte Hände)...... 21
Nr.46-47 Sprünge (abwechselnd Hände) . 21

Wechseln der Finger auf eine Taste

Nr.48, 50 Wechseln 1.-2. Finger............ 22

Untersetzen des Daumens,
Übersetzen des Fingers

Nr.49, 51, 52 2. Finger 22
Nr.53-55 3. Finger 23
Nr.56-58 C-Dur Tonleiter 24

Parallelbewegung legato

Nr.59 Legato mit 3.-1.; 3.-5. Fing........... 25
Nr.60 Legato mit 3.-5; 3.-1. Fing............ 25
Nr.61 Legato mit 5 Fingern 25
Nr.62 Legato gebrochene Terzen 25

Versetzungszeichen

Nr.63-66 Versetzungszeichen................. 26
Nr.67-69 Vorstufe Dur-Tonart (5 Tone) ... 27
Nr.70-73 Gebrochene Dreiklänge in Dur .. 28
Nr.74-75 Gebrochene Dreiklänge in Dur .. 29
Nr.76-78 Dur, Moll melodische Übungen.. 30
Nr.79-80 Dur, Moll (5 Tone) 31
Nr.81-84 Geläufigkeit in Dur, Moll 32
Nr.85-87 Geläufigkeit in Dur, Moll 33
Nr.88-89 Gebrochen Dreiklänge 34
Nr.90 Gebrochen Dreiklänge.............. 35
Nr.91-92 Fingergeläufigkeit 36

Doppelgriffe (Intervalle)

Nr.93-94 Intervall Sekunde.................... 37
Nr.95-96 Intervall Terz 37
Nr.97-98 Intervall Quarte 38
Nr.99-101 Intervall Quinte 38

Nr.102-105 Doppelgriffe Sekunde-Quinte 39
Nr.106-107 Doppelgriffe Sekunde-Quinte 40
Nr.108-109 *Legato* Doppelgriffe Terzen... 41
Nr.110-112 *Staccato, legato* 42

Akkorde 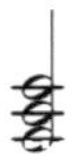

Nr. 113-116 Einfache Akkorde 43
Nr. 117-120 Akkordwechsel 44

Das musst du wissen (Erklärungen)

Abbildung der Klaviatur von 3 Oktaven.... 45
Die Noten von 3 Oktaven, Stammtöne..... 45
Die Notenlinien, die Notenzeilen............. 46
Die Haltung, der Fingersatz................... 46
Die Notenwerte, die Pausenwerte 47
Die Punktierten Noten, die Taktarten....... 47
Legato.. 8
Staccato 19
Vorzeichen... 26

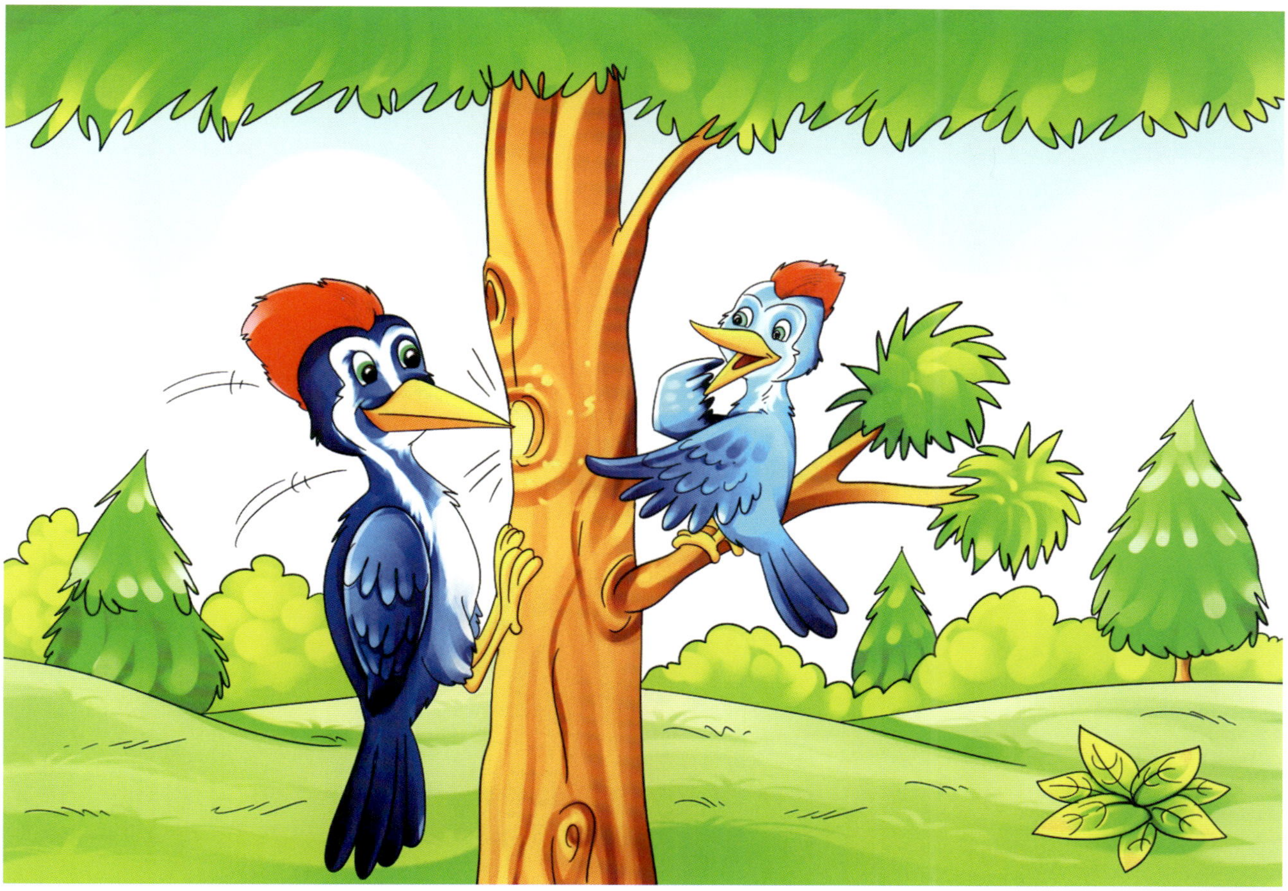

1

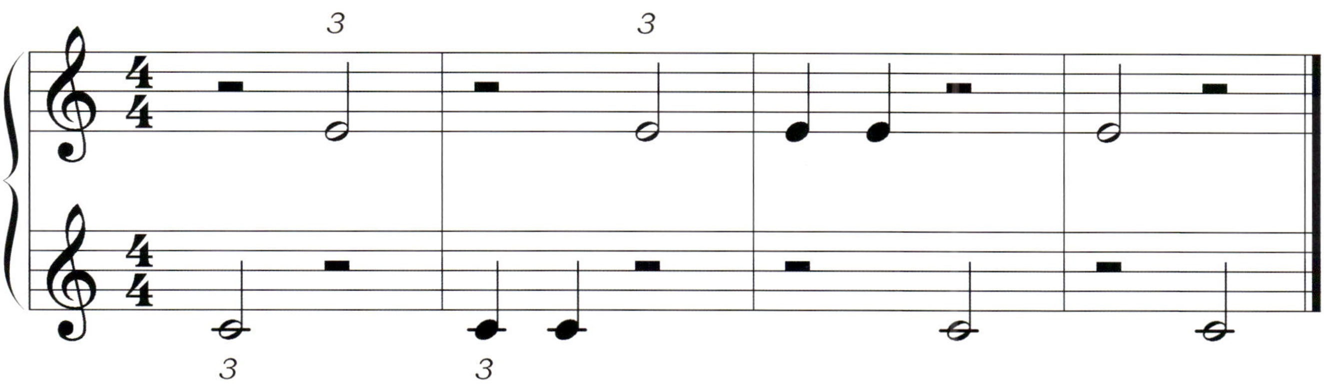

2

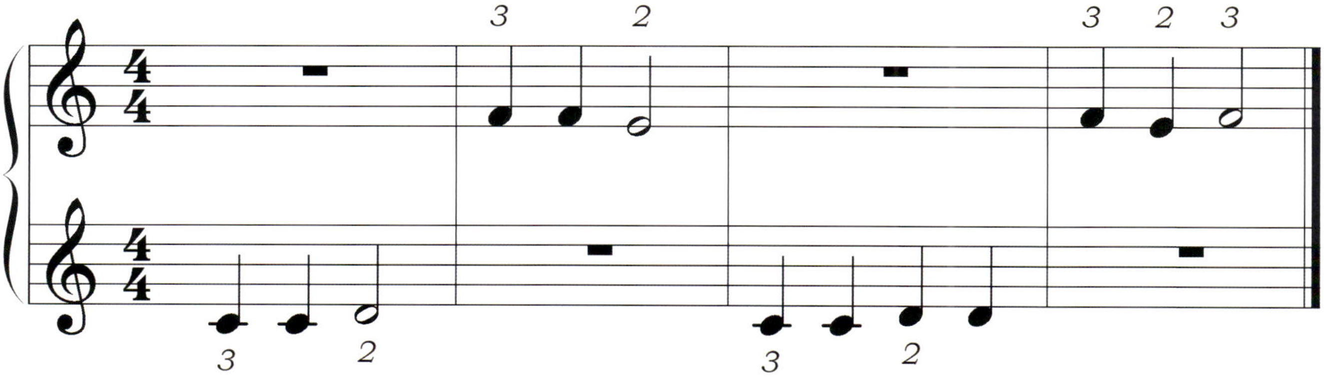

3

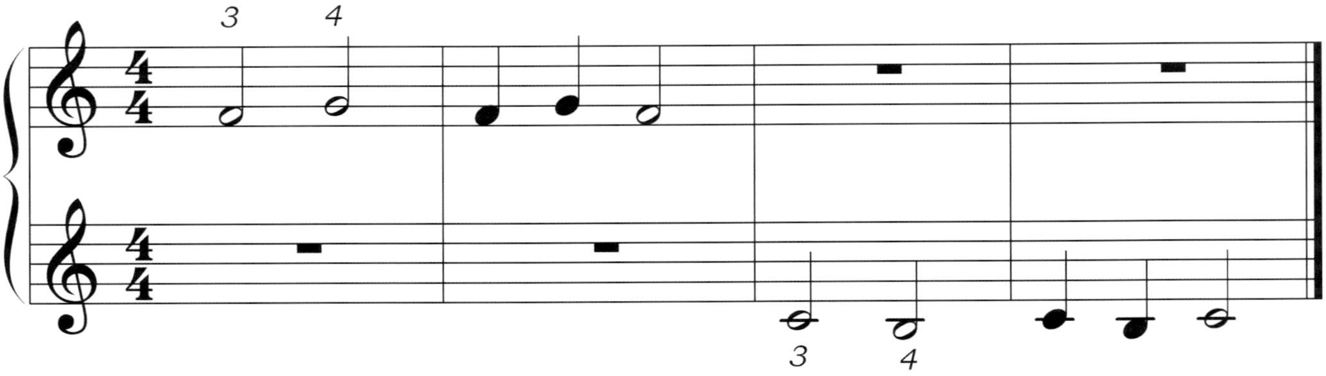

4

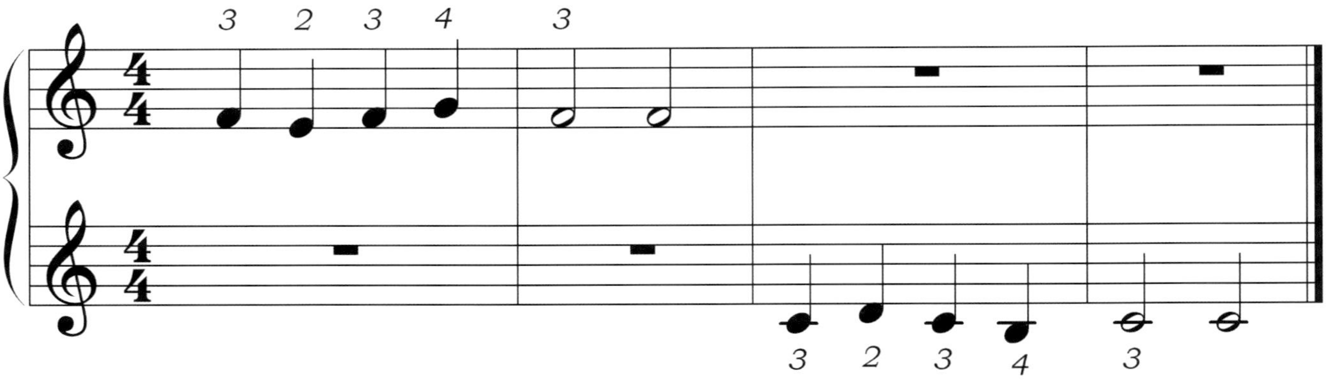

5

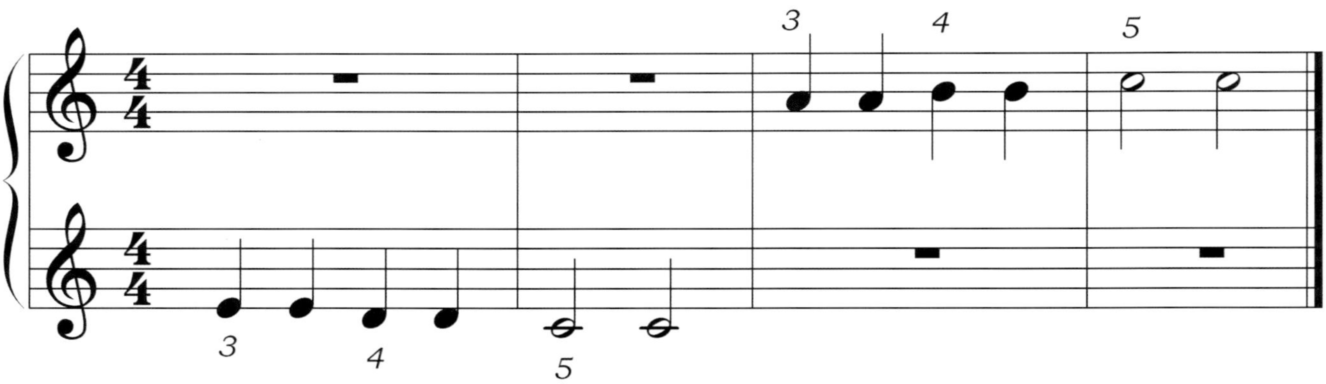

6

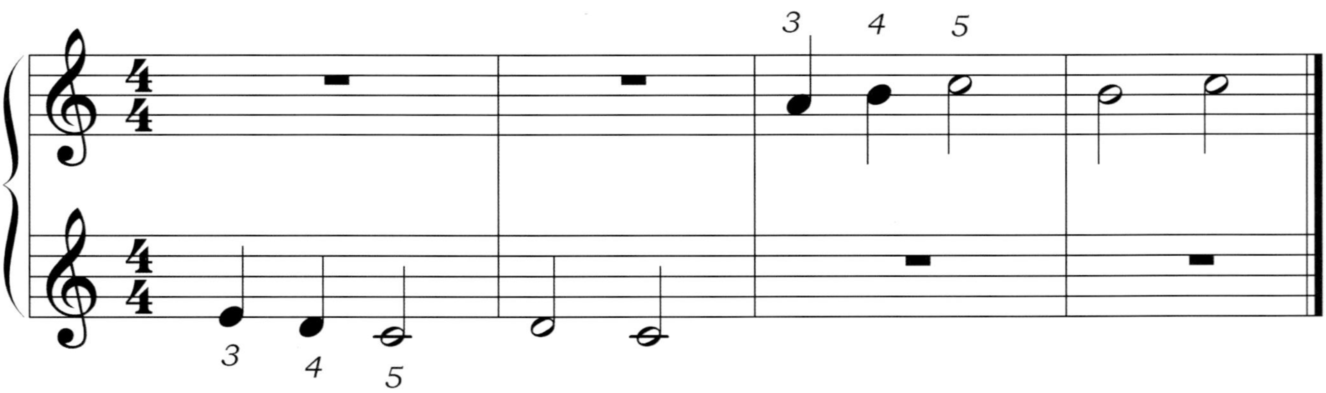

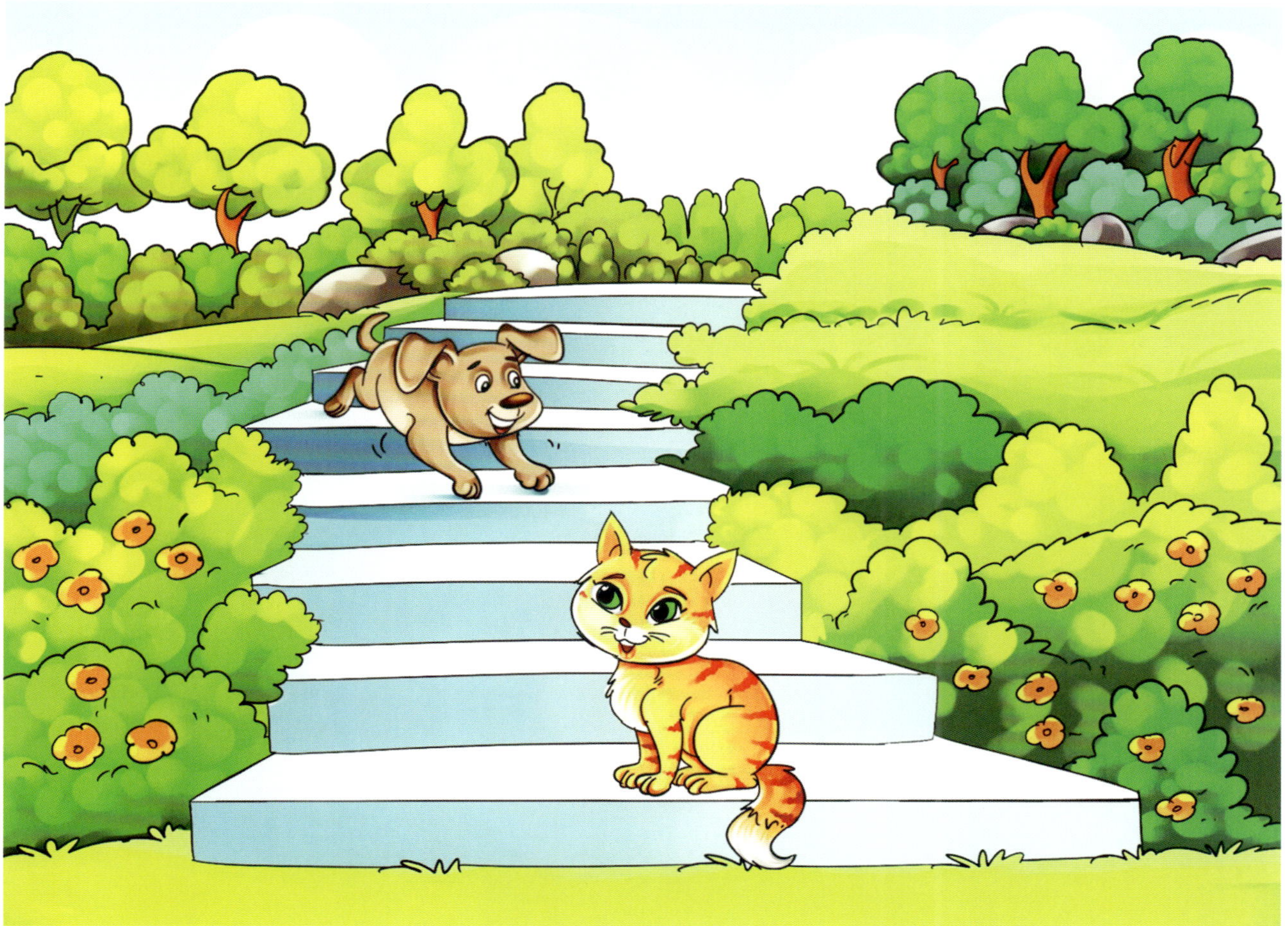

7

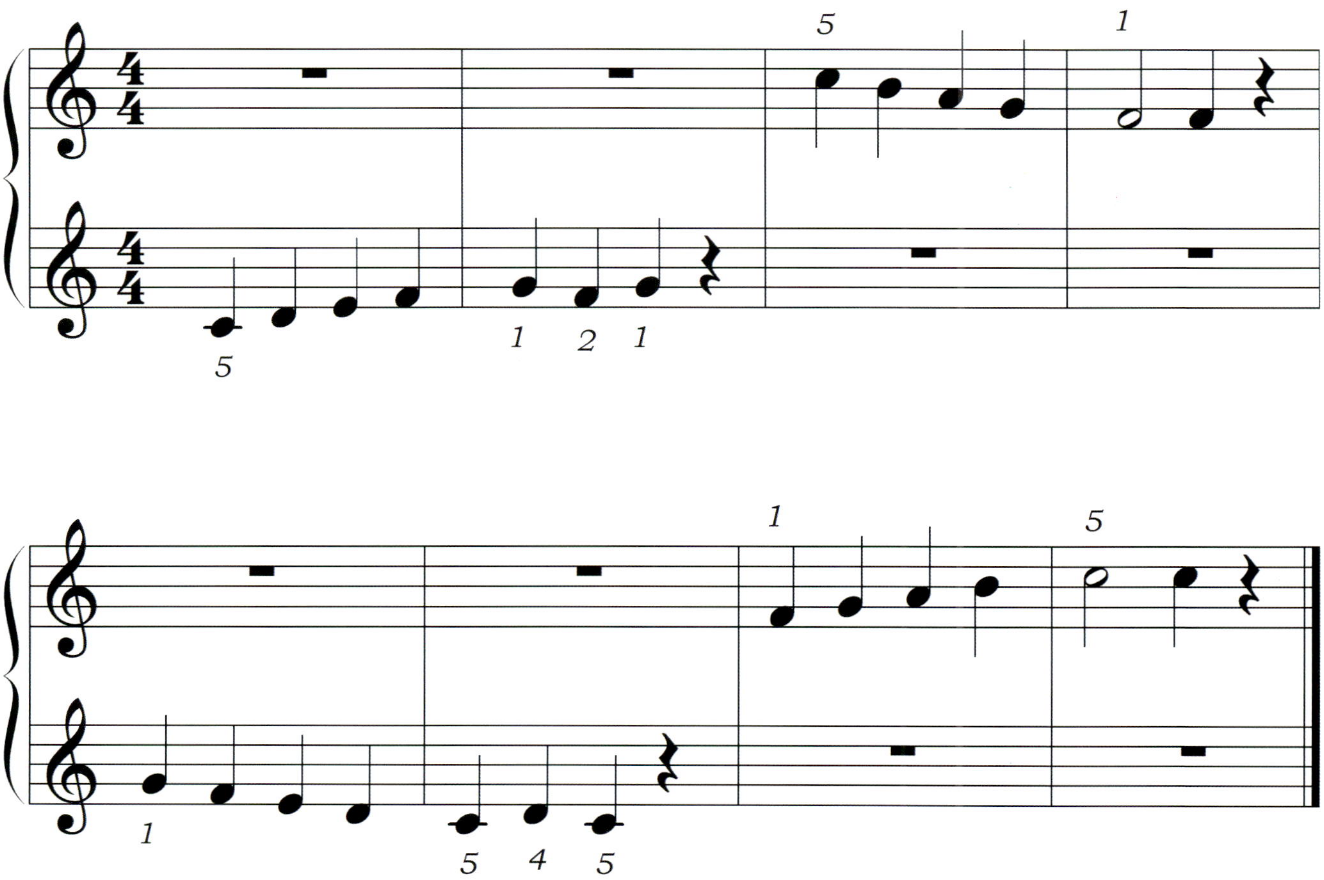

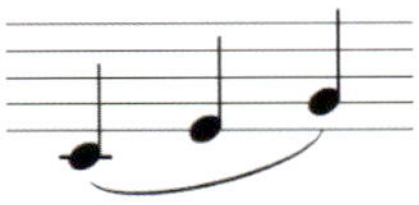

Die Noten, die mit Bogen *legato* verbunden sind, spielt man gebunden ohne Unterbrechung.

8

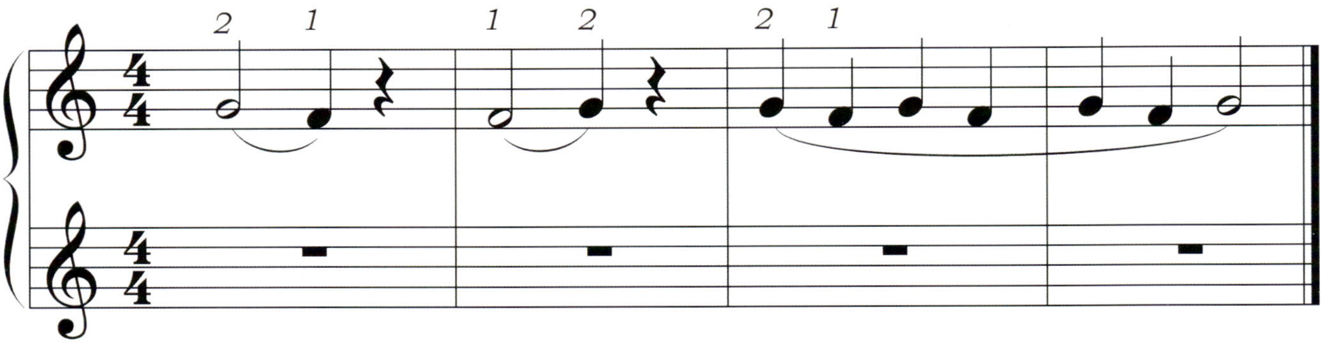

9

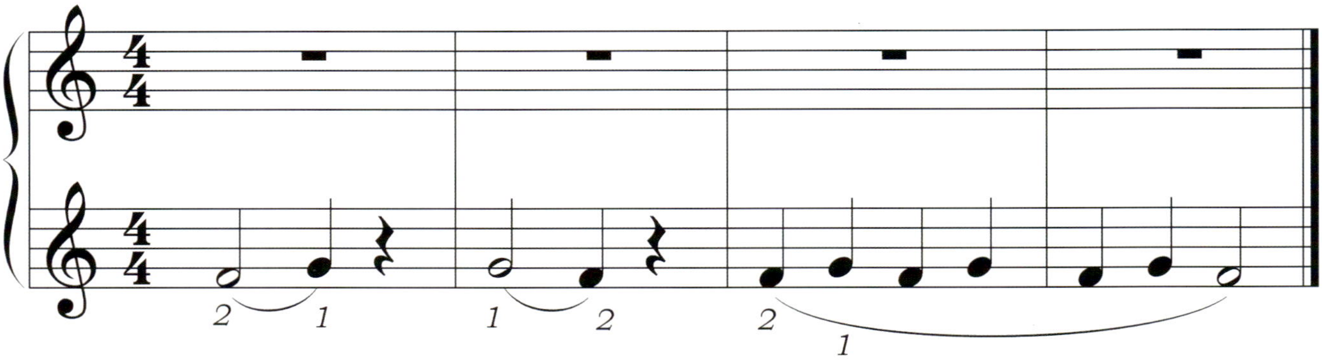

10

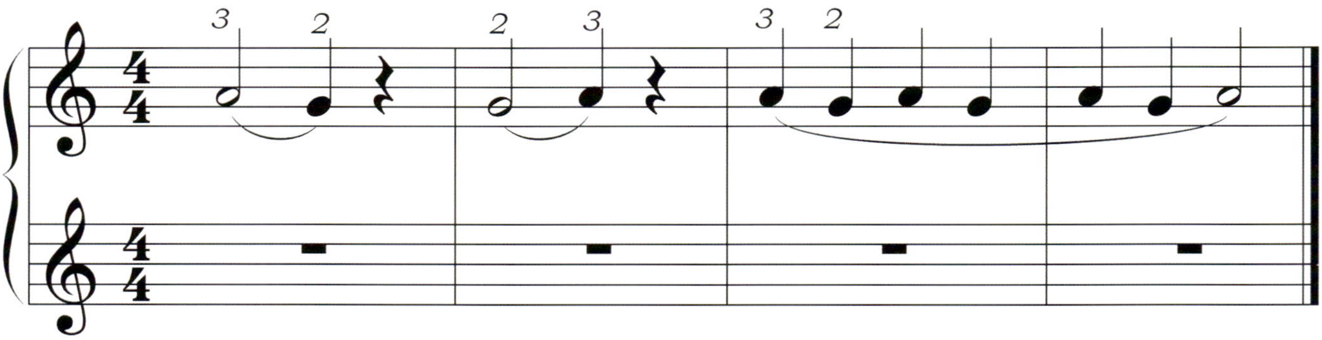

11

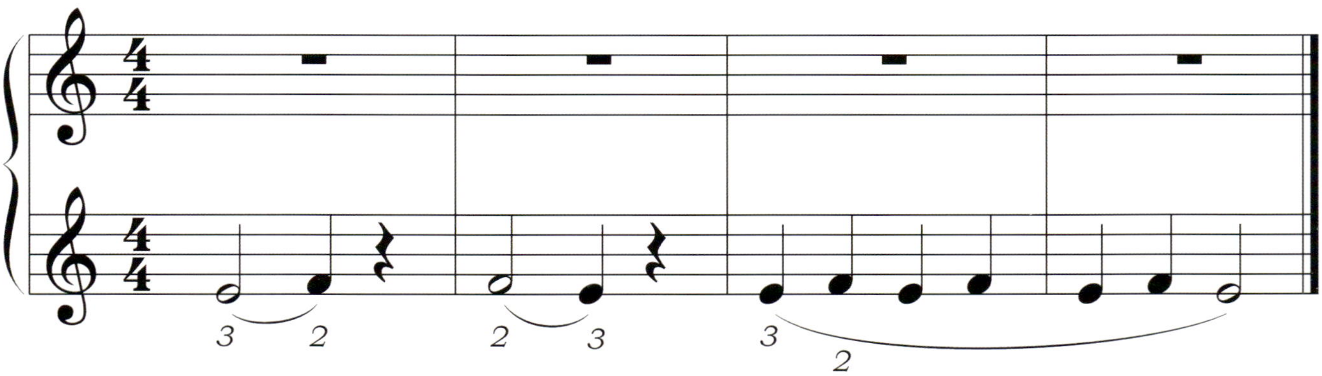

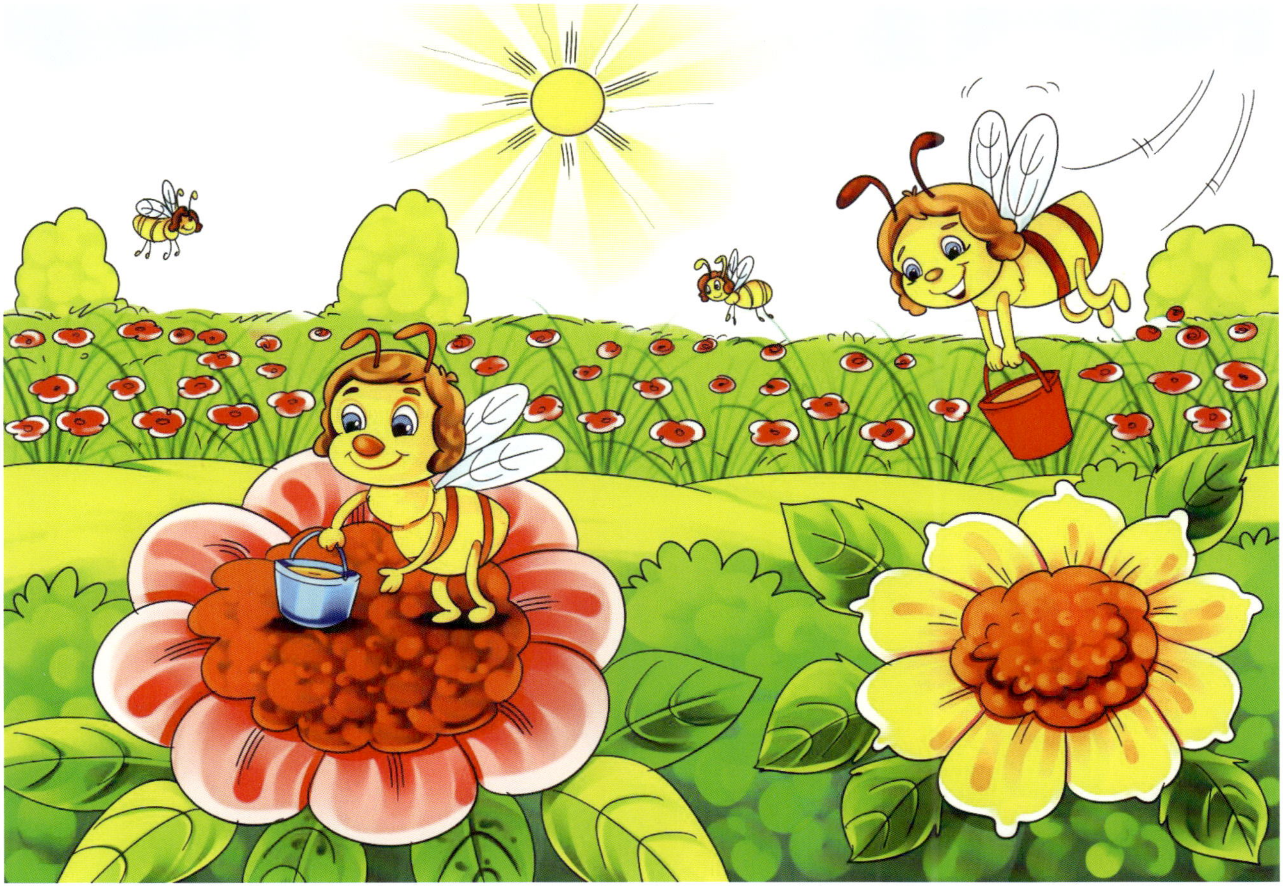

12

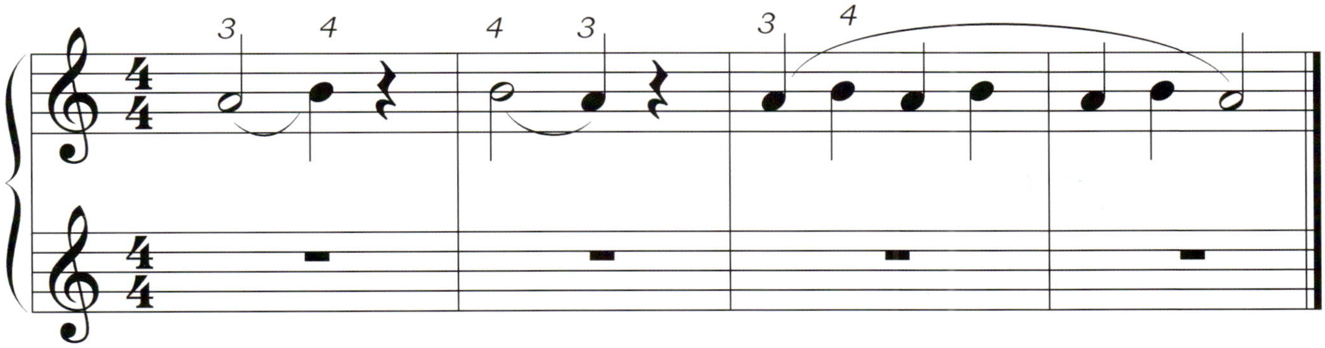

13

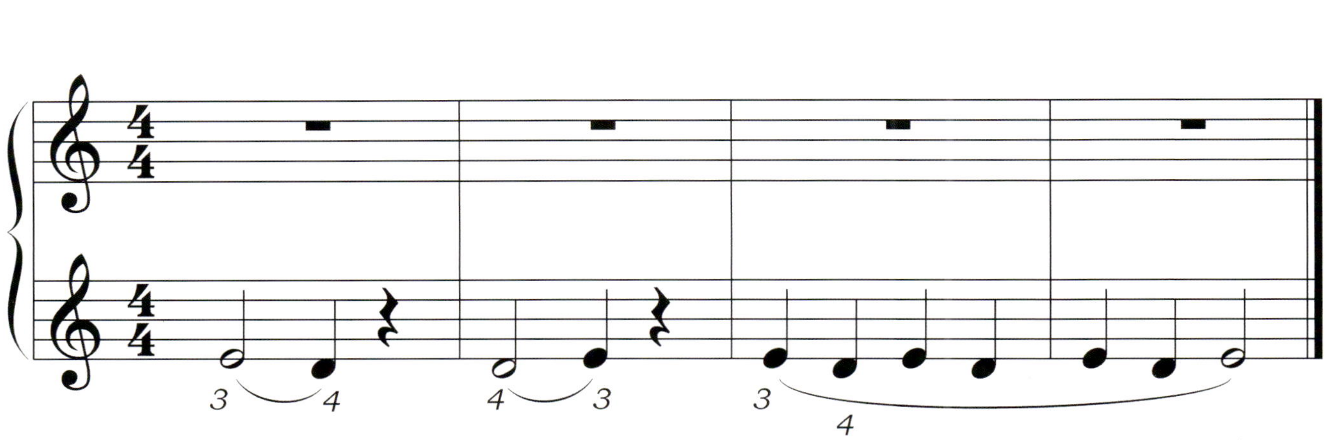

14
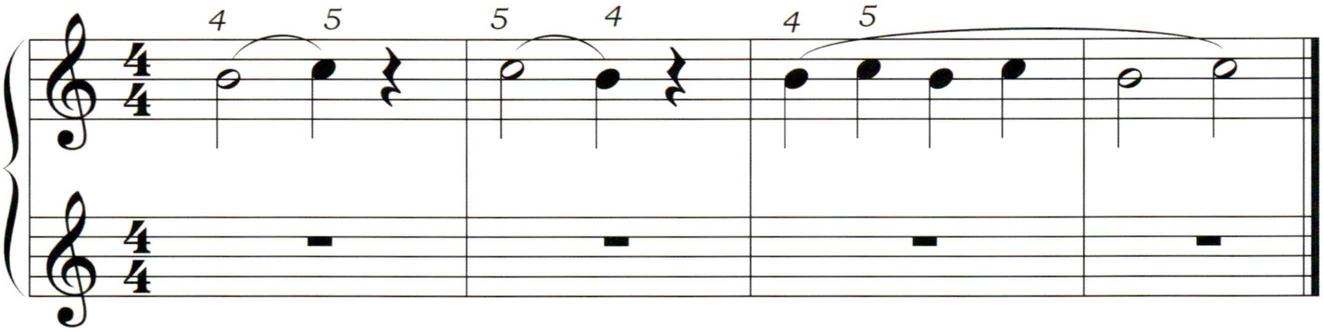

15
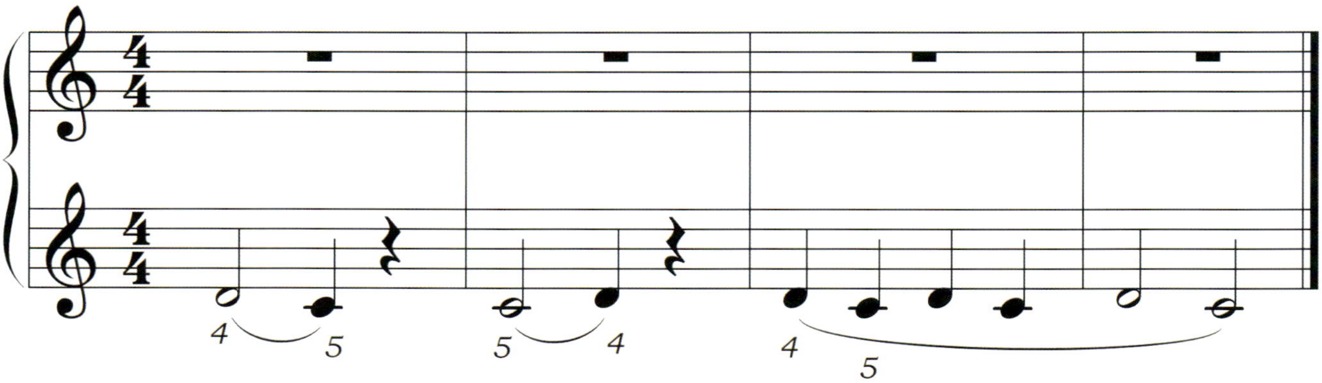

16
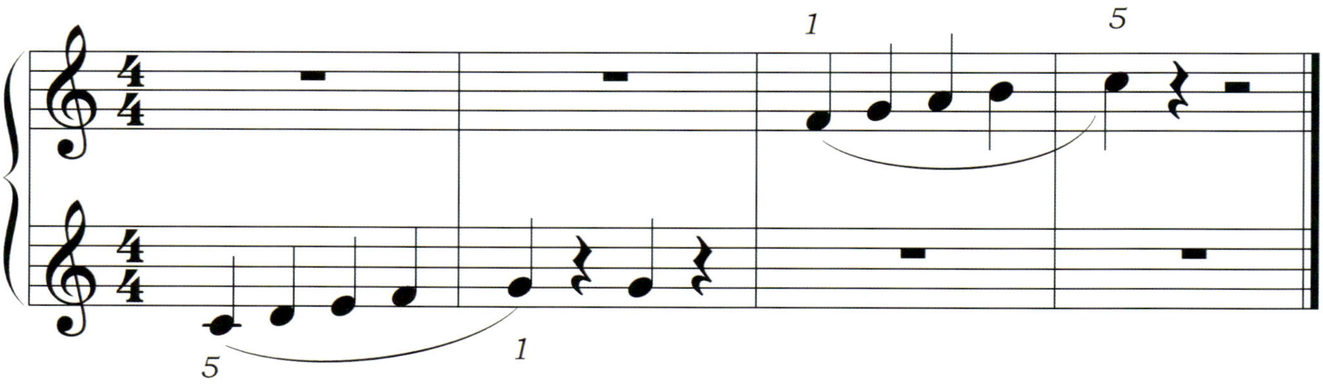

17
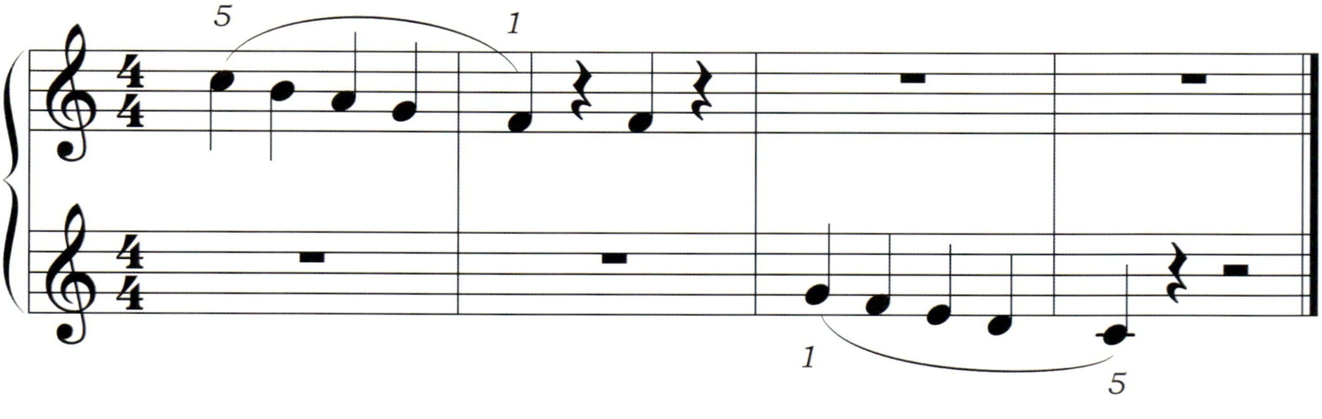

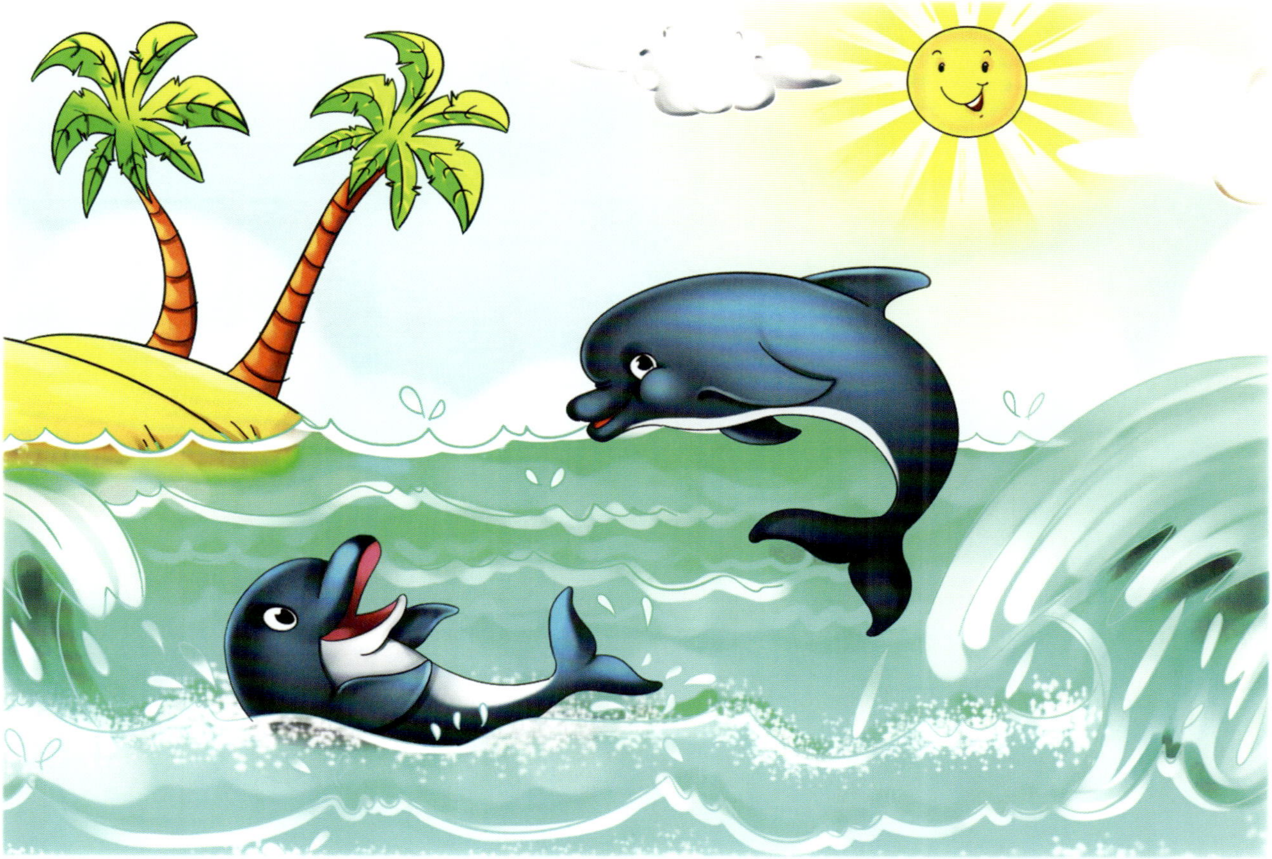

18

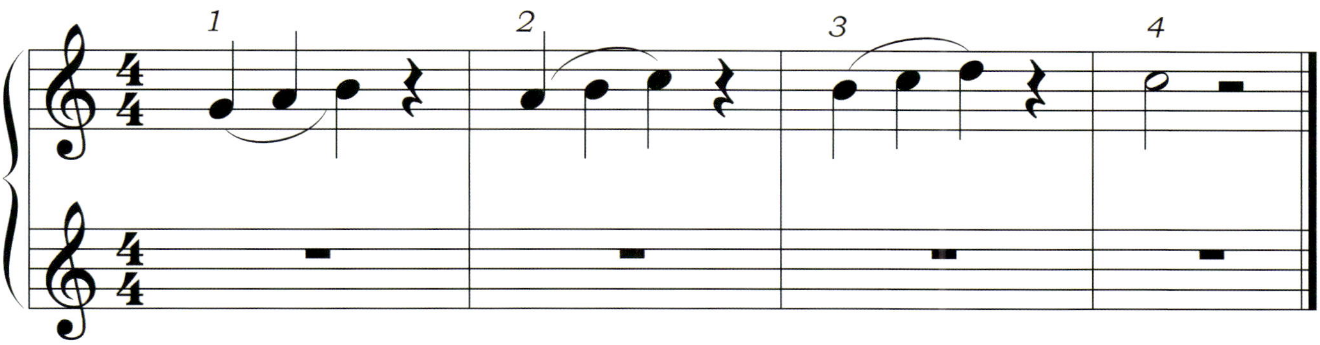

19

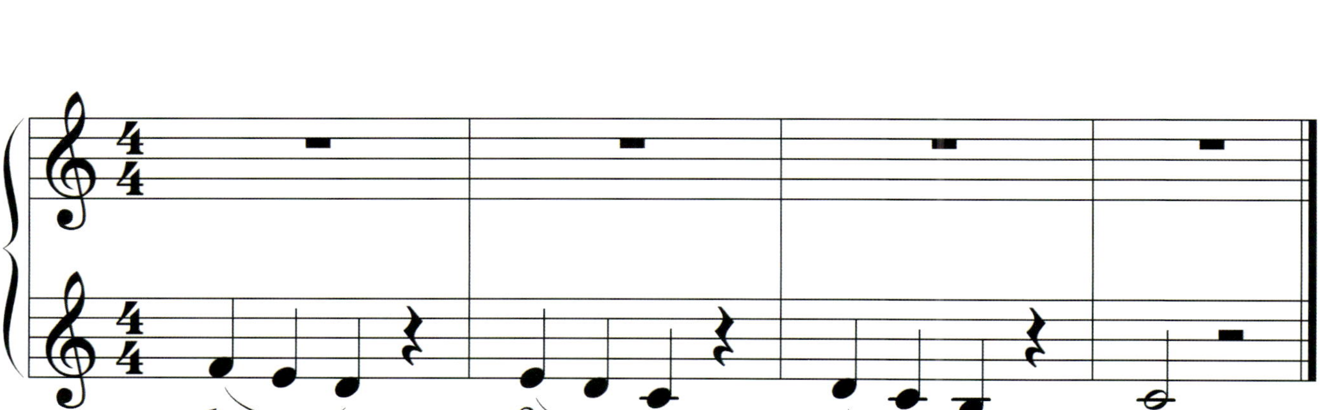

20

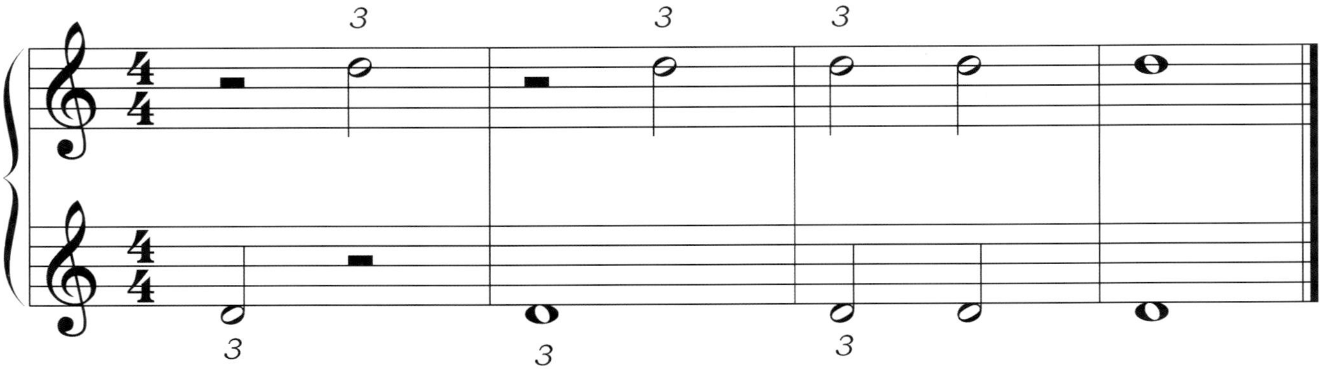

21

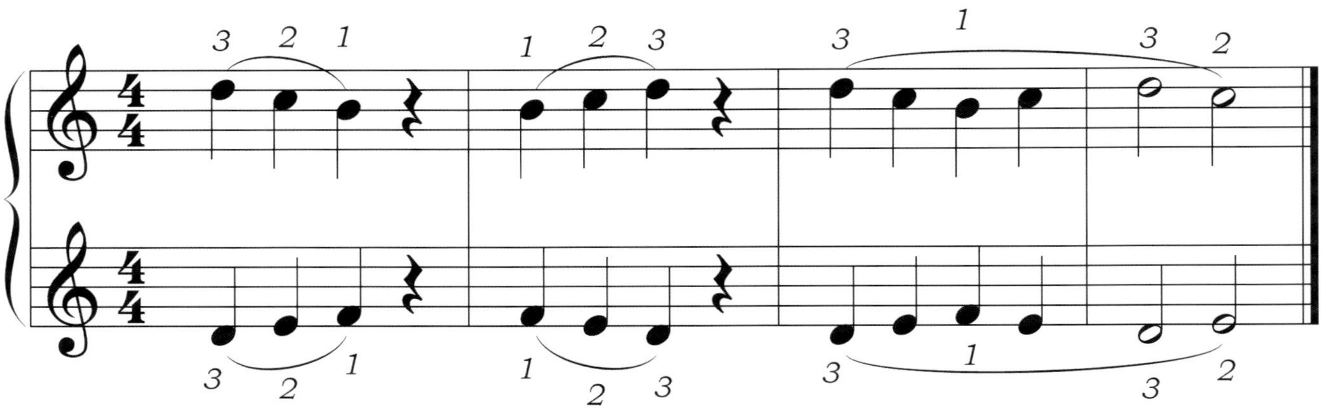

22

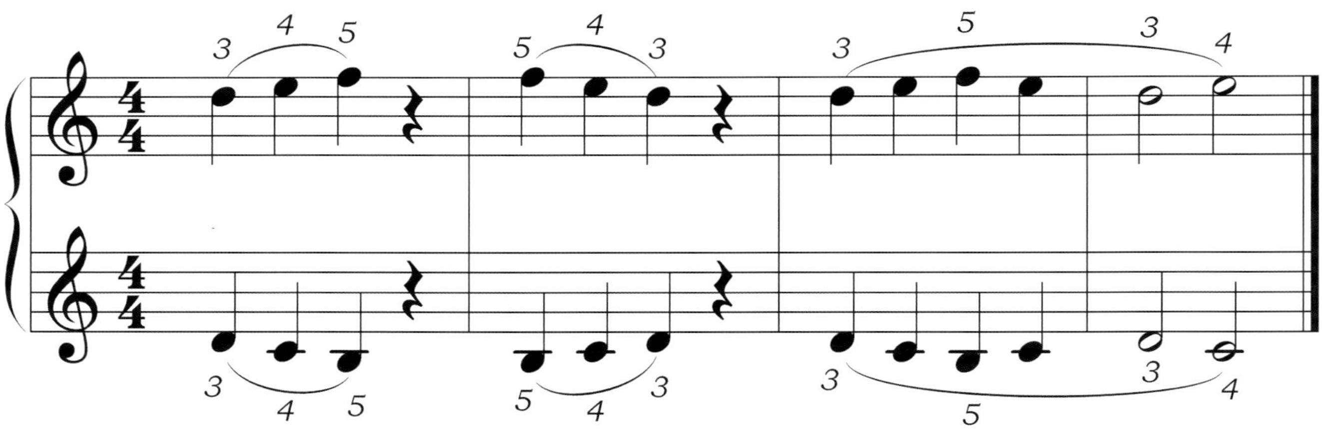

23

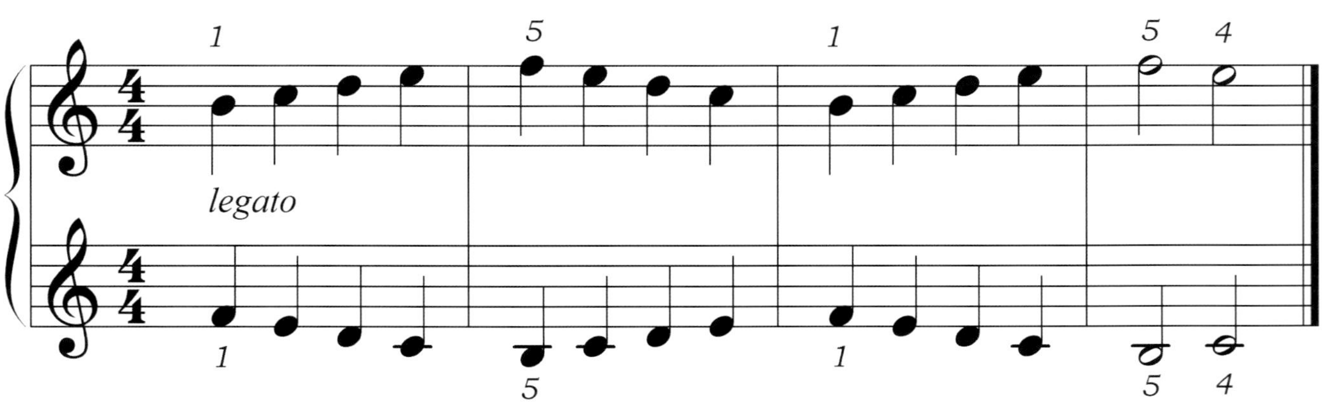

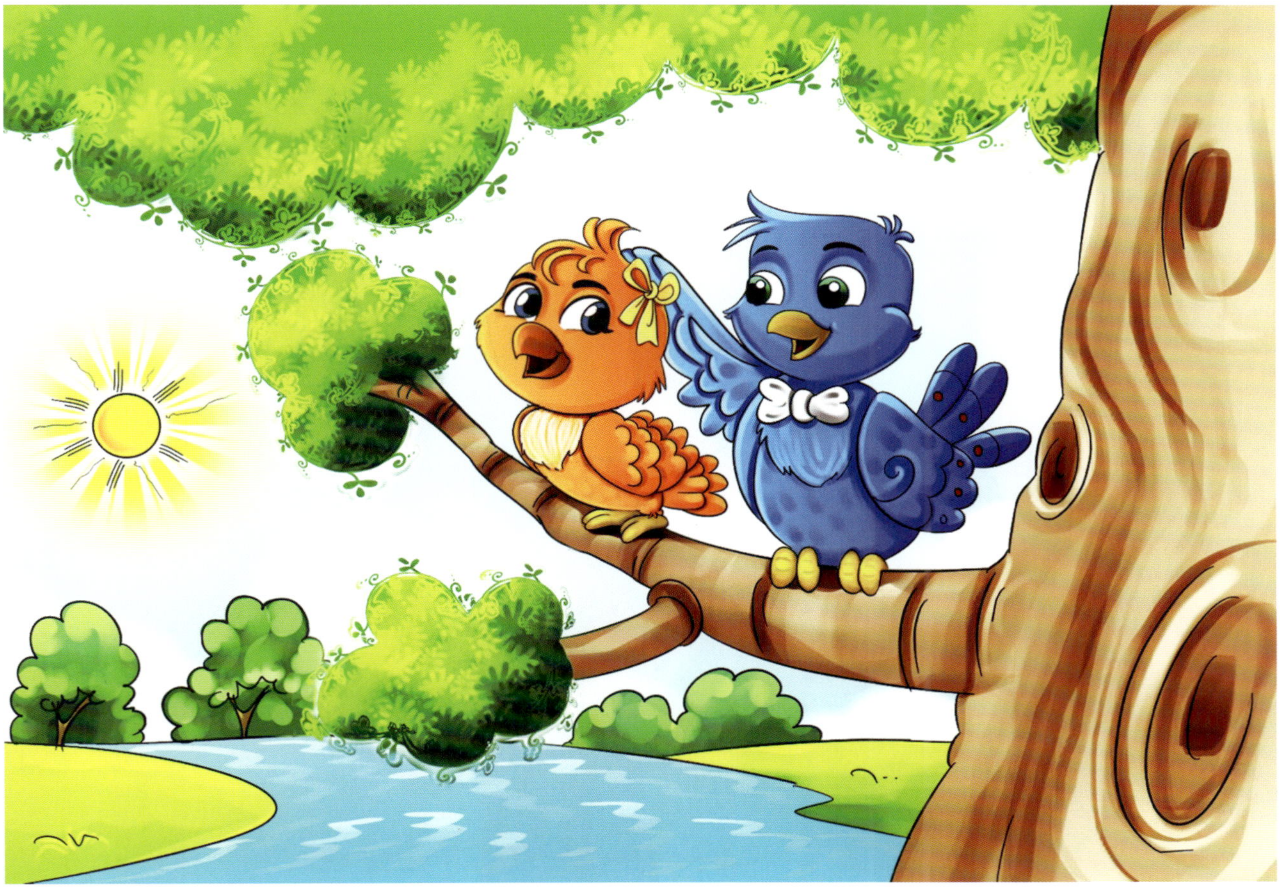

24

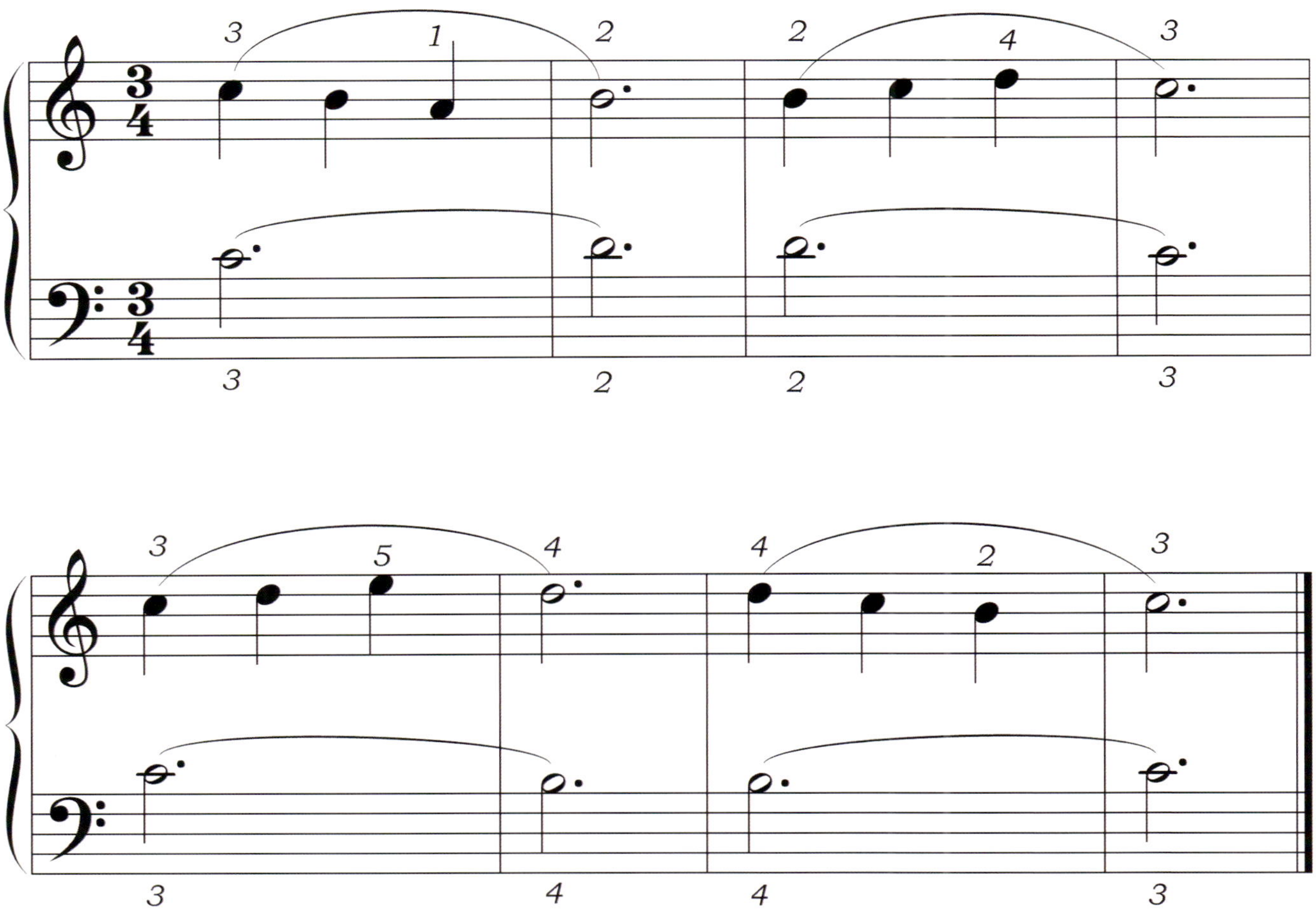

25

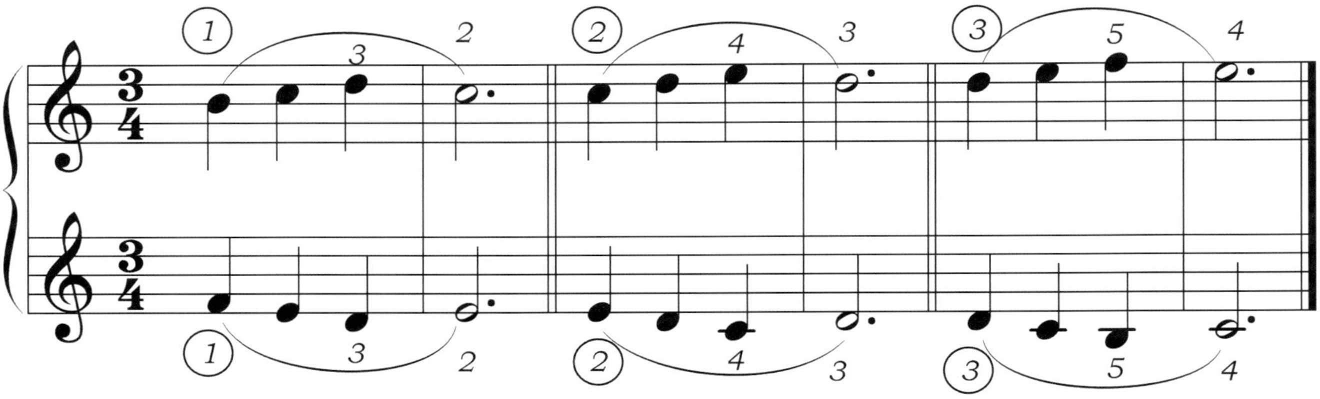

26

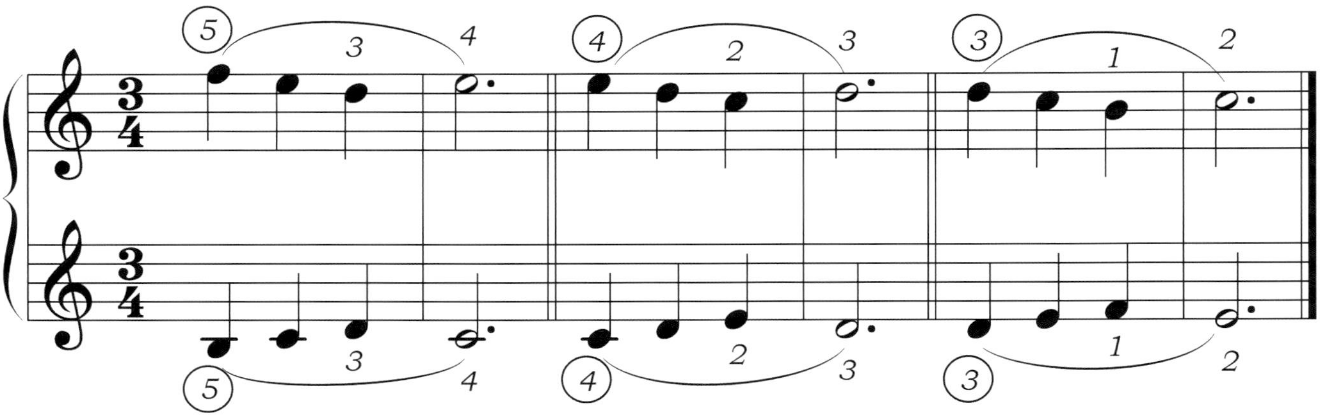

27

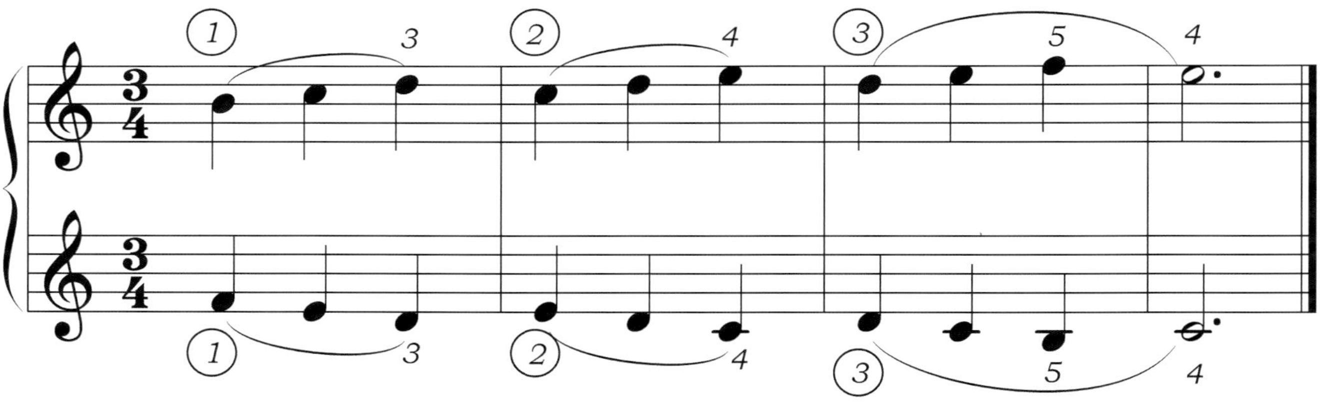

28

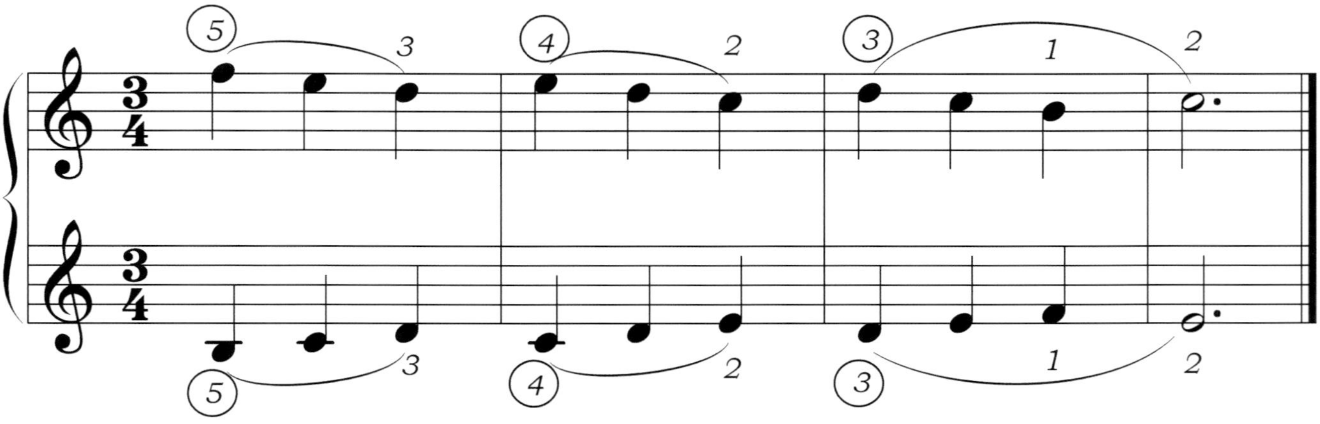

29

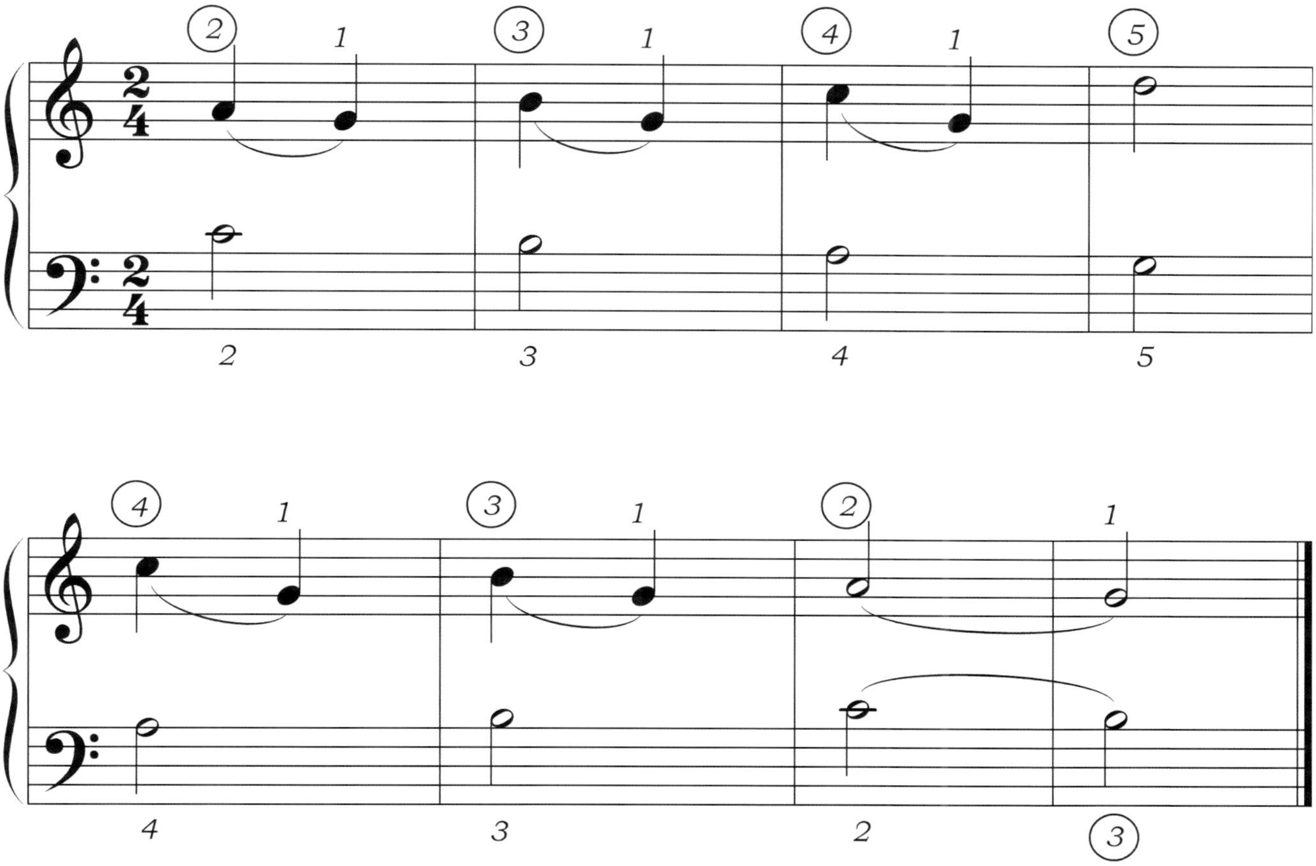

30

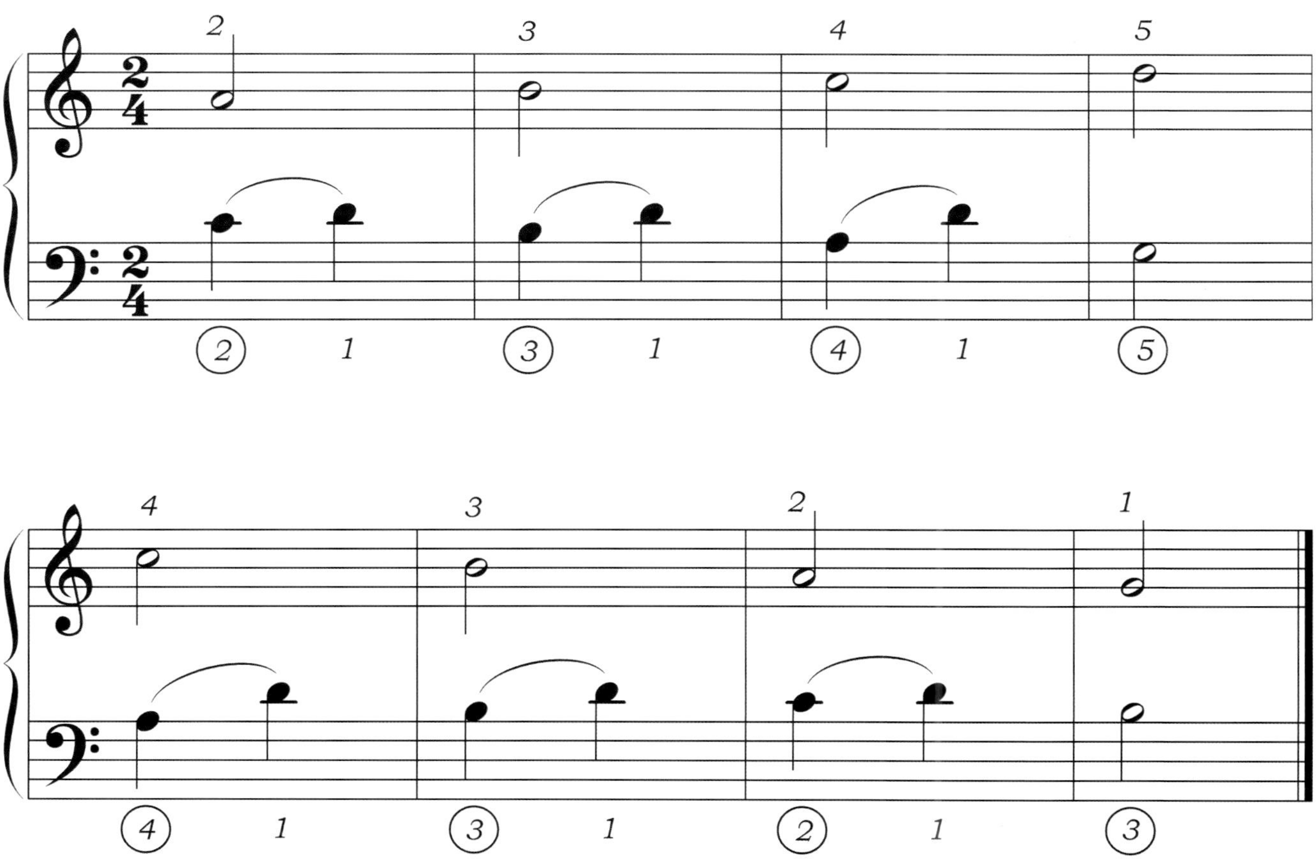

31
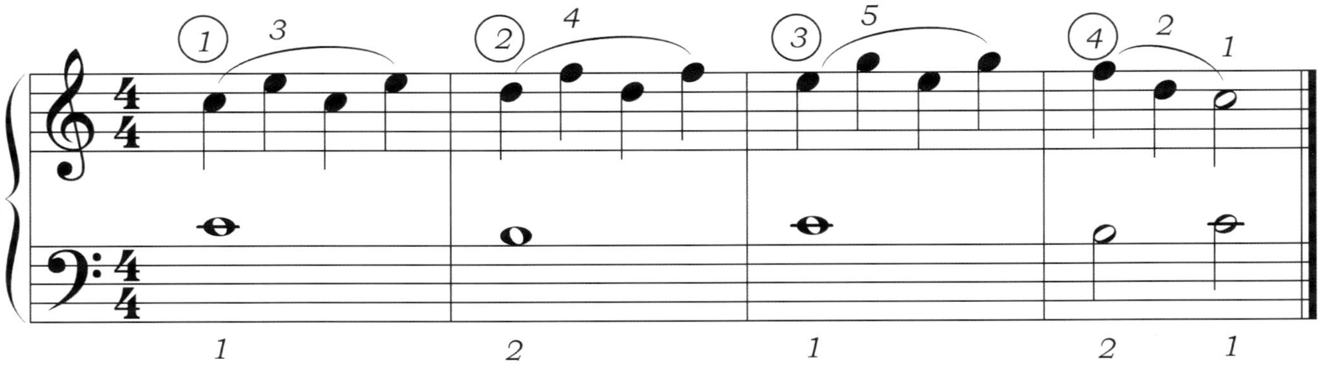

32
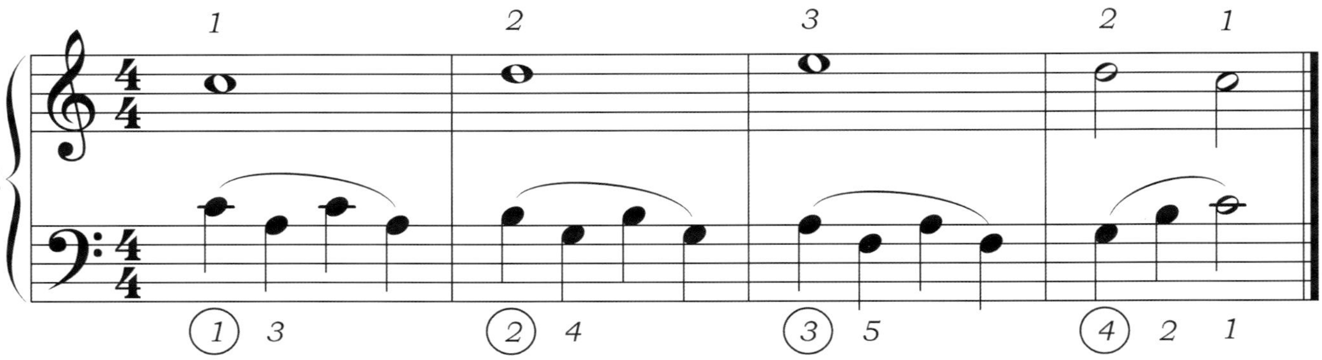

33
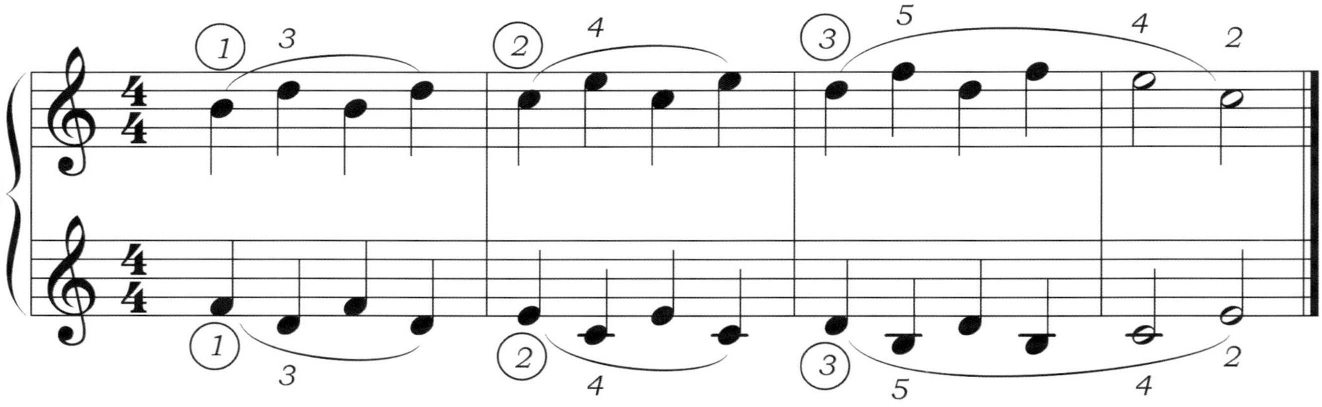

34
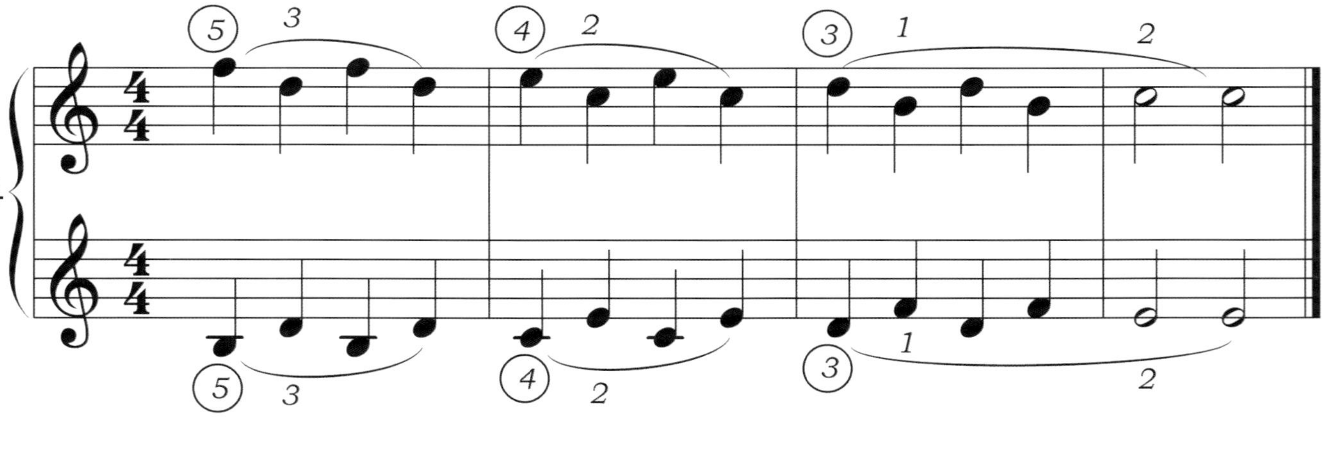

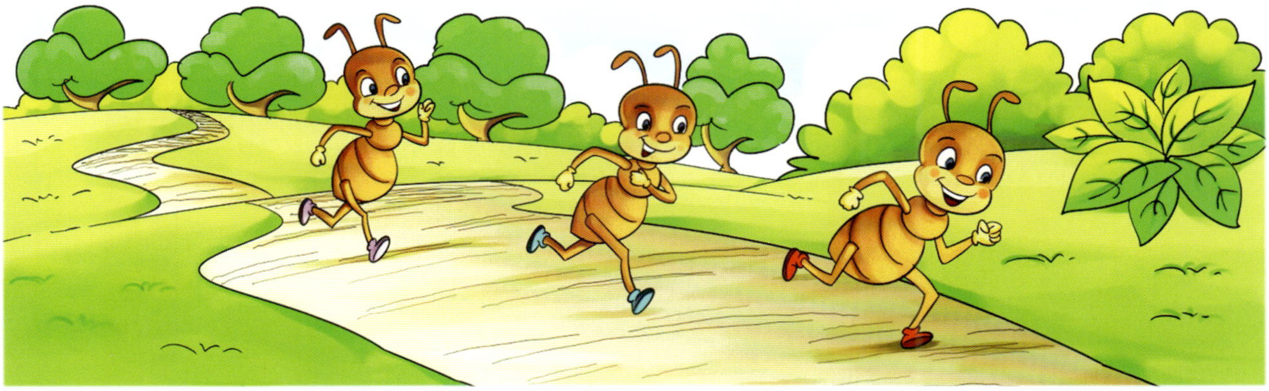

35
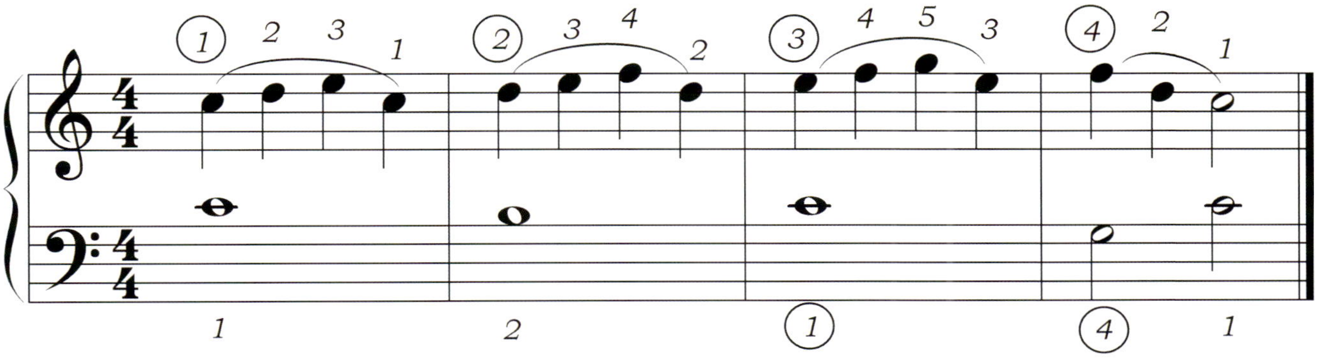

36
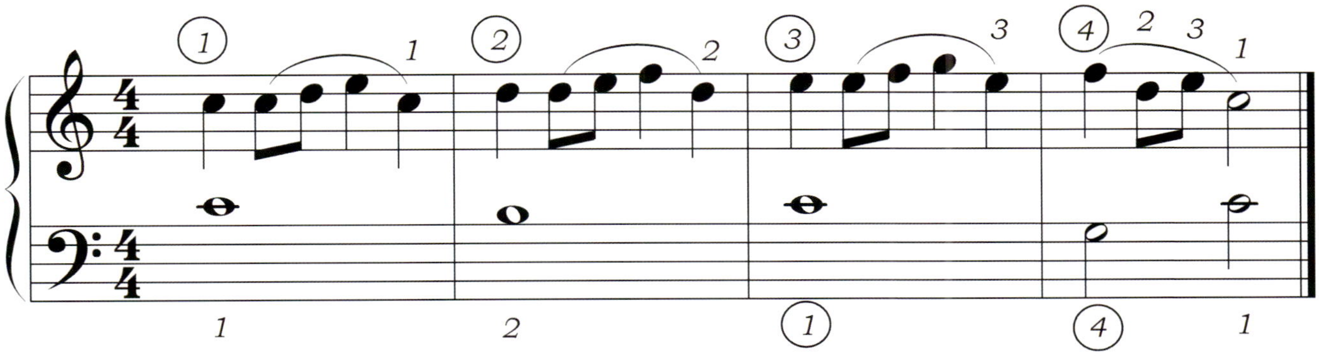

37
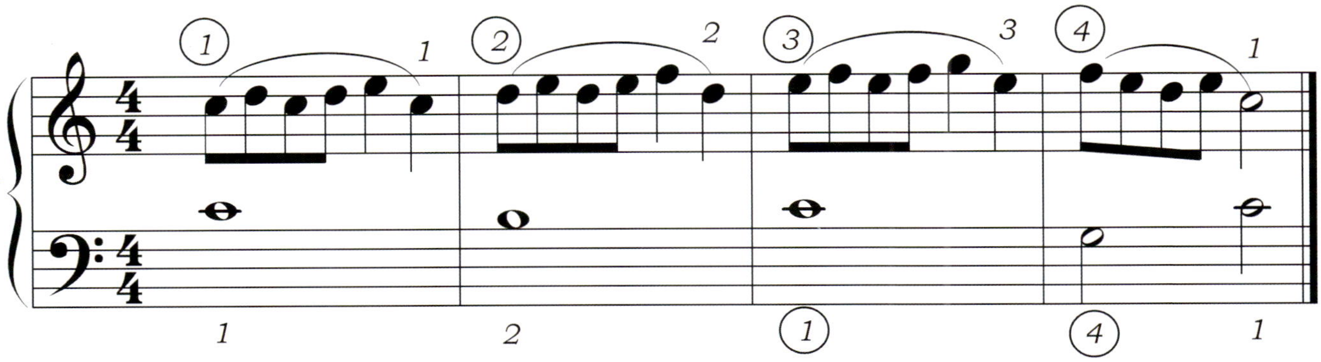

38
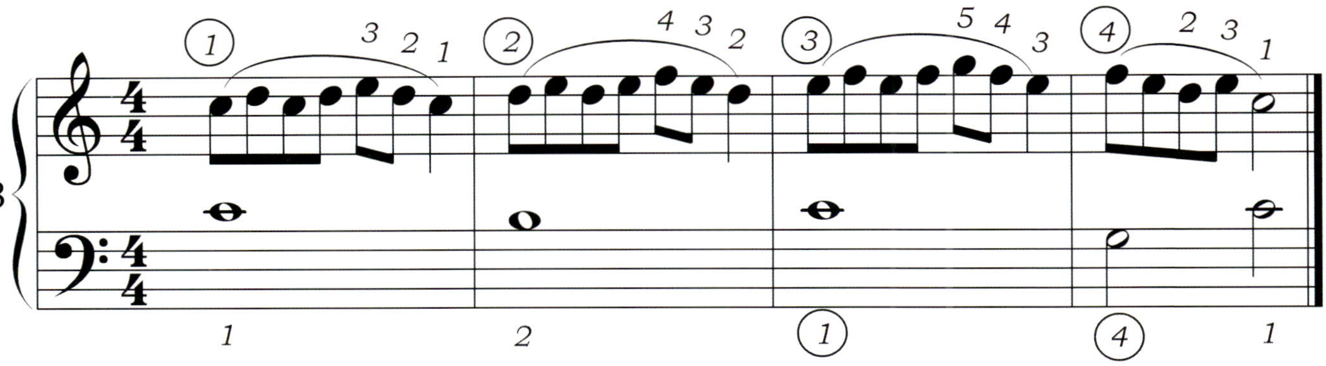

39

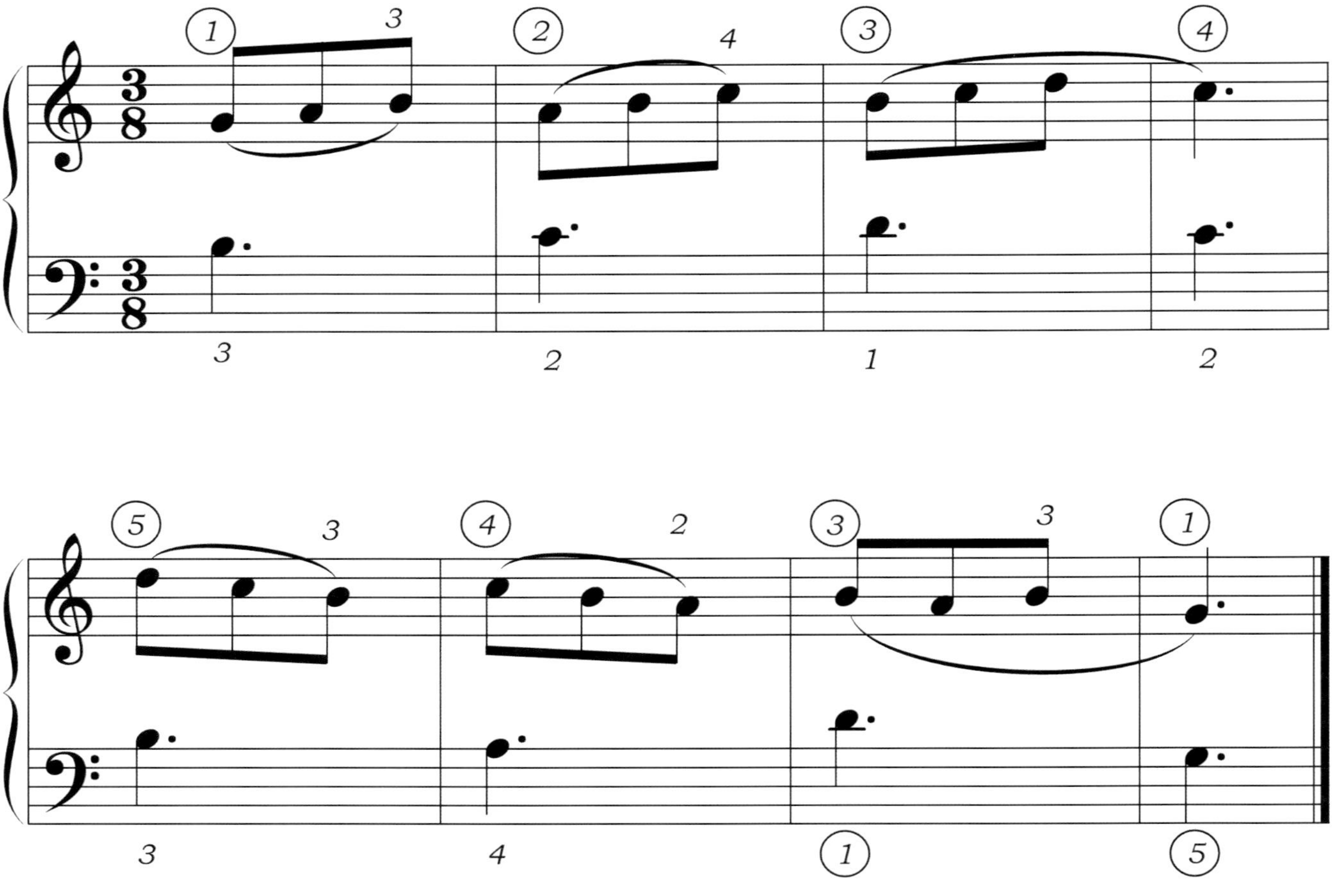

40

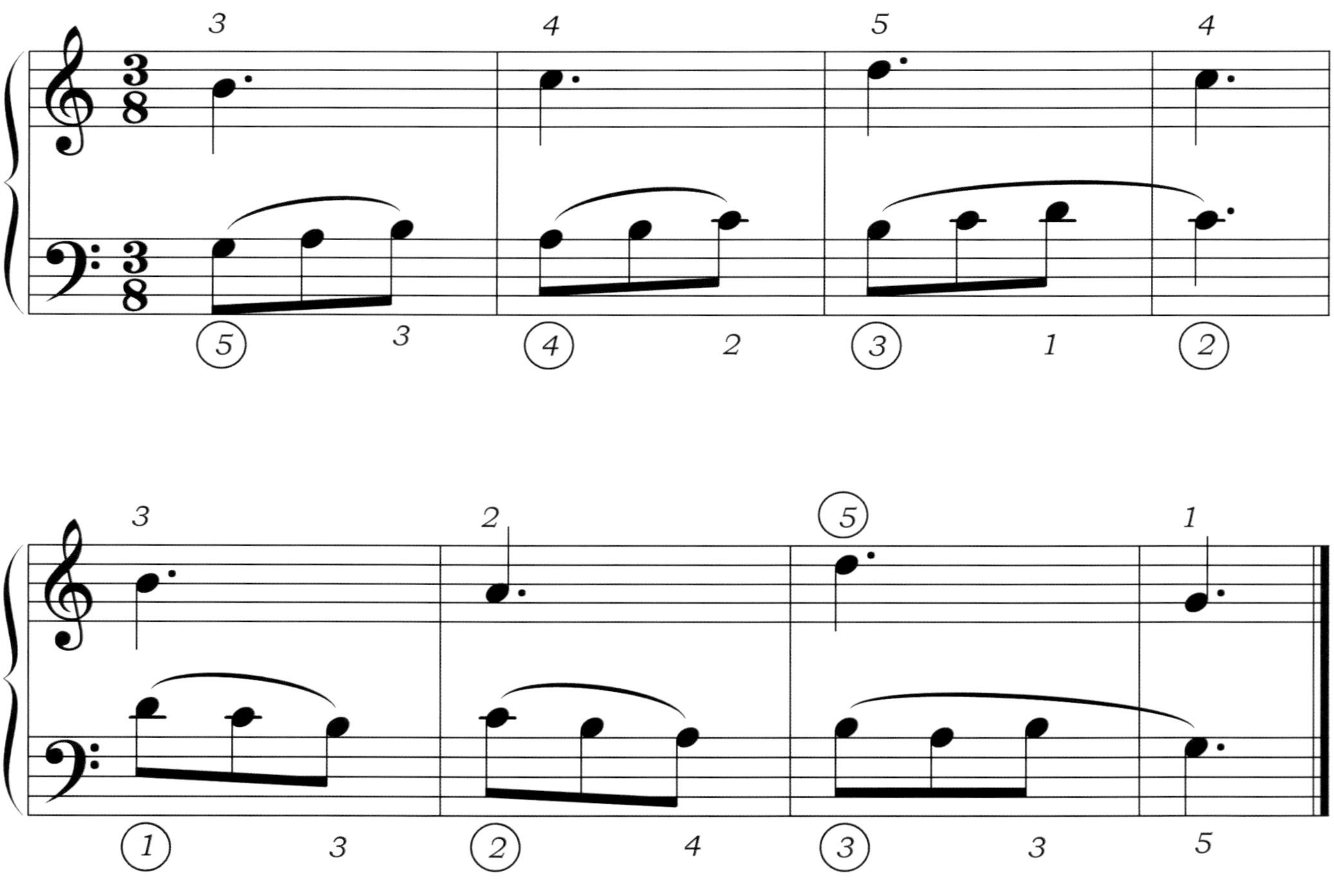

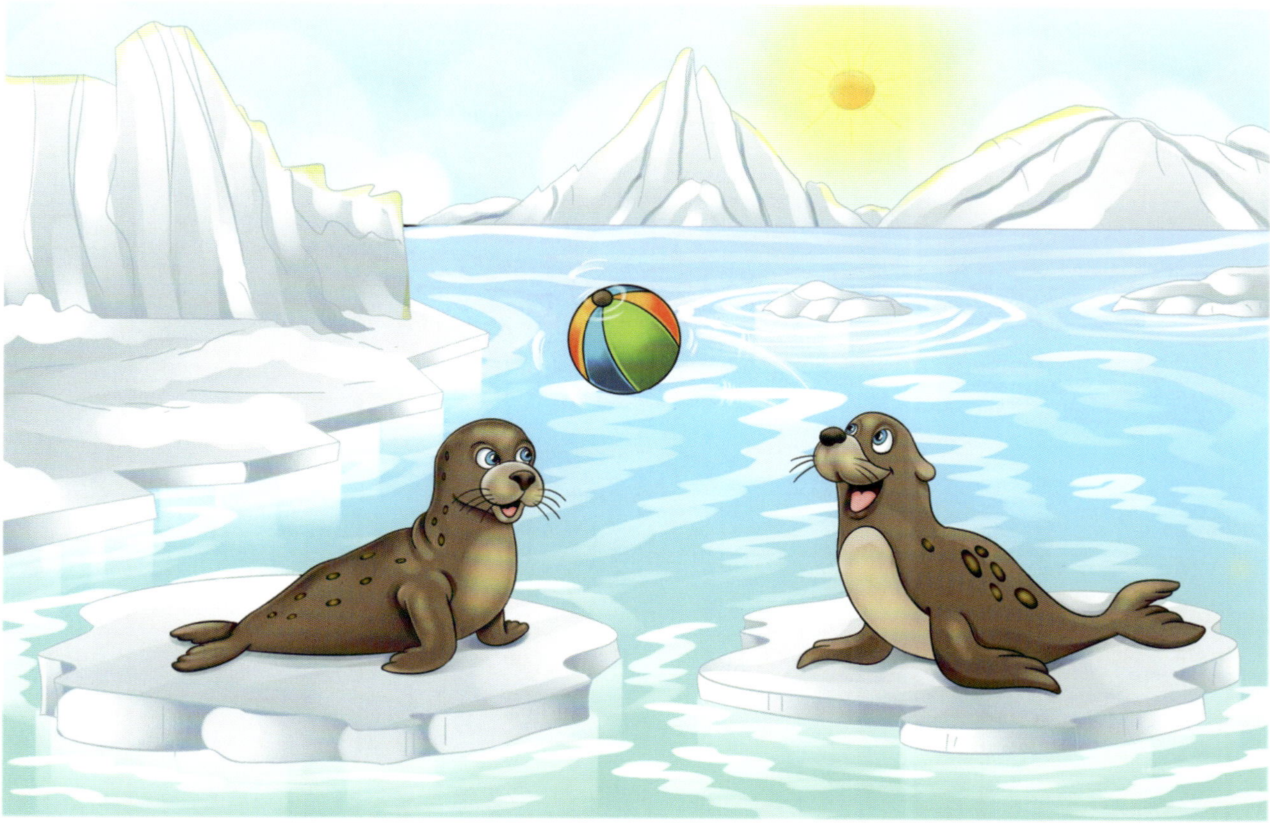

41

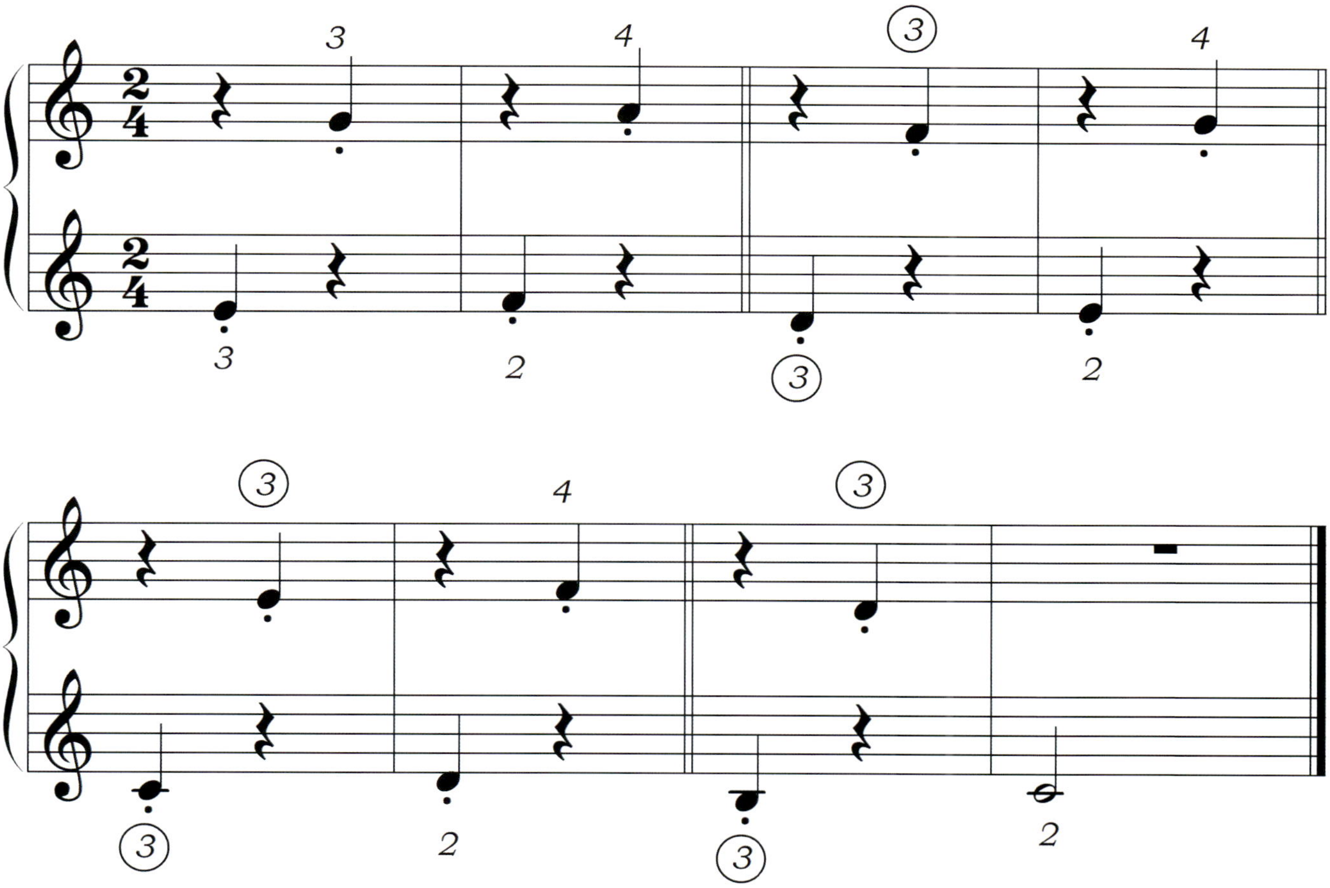

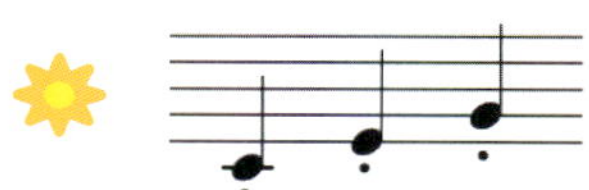

Die Noten, die den Punkt *staccato* unter oder über dem Notenkopf haben, spielt man kurz, gestoßen.

42
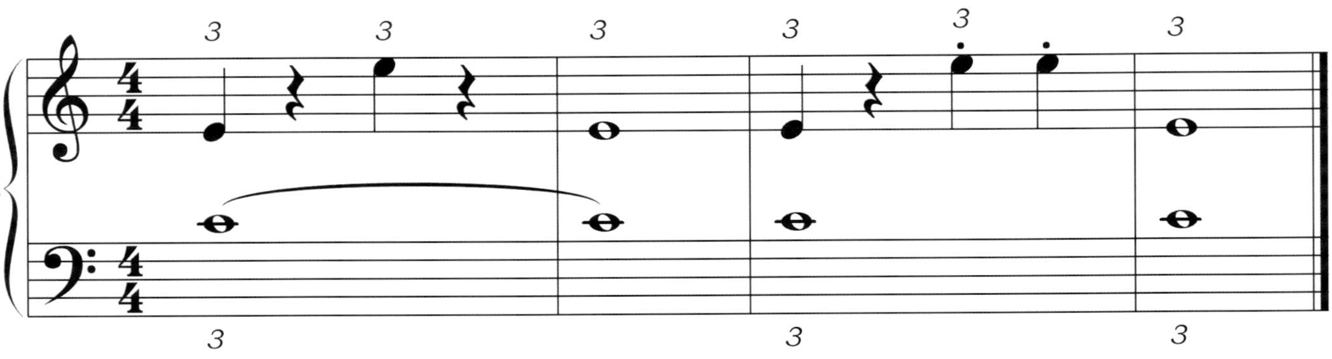

43
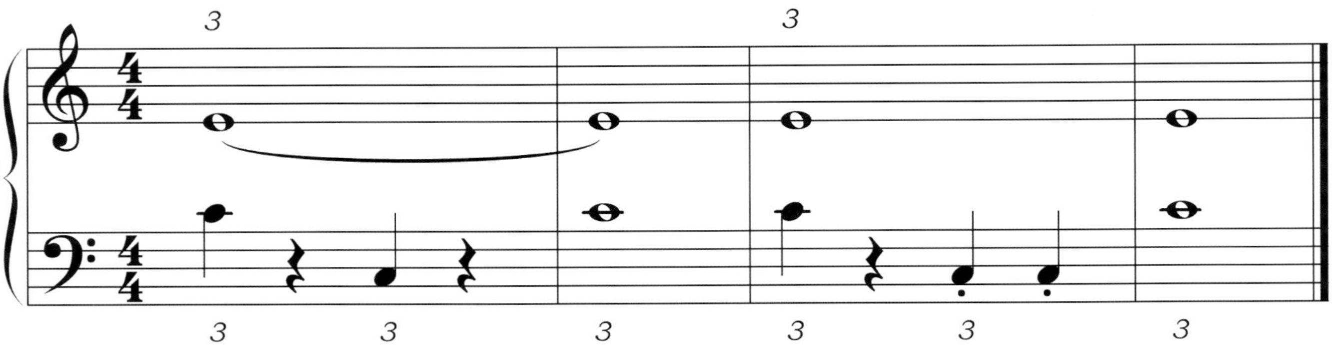

44
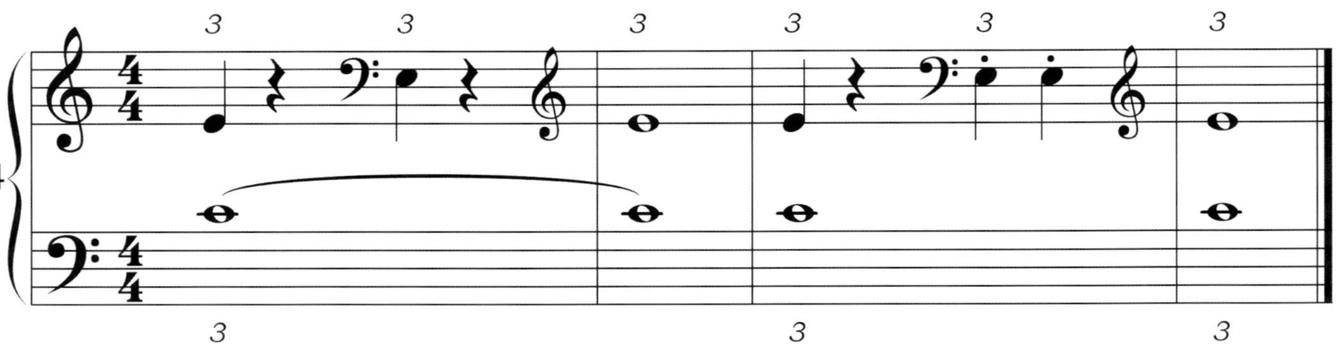

45
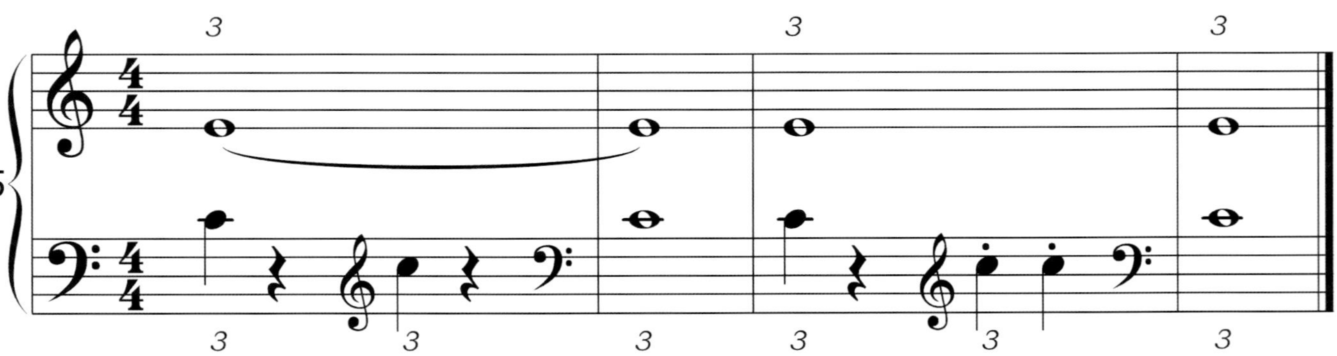

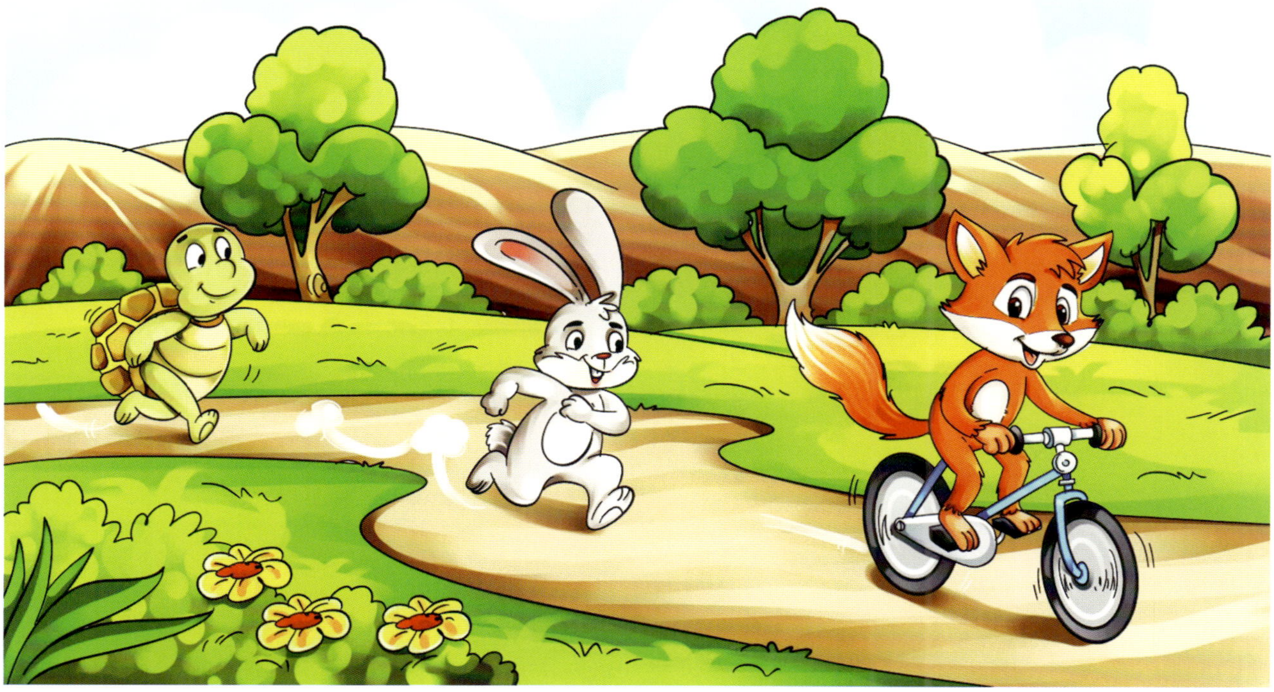

46

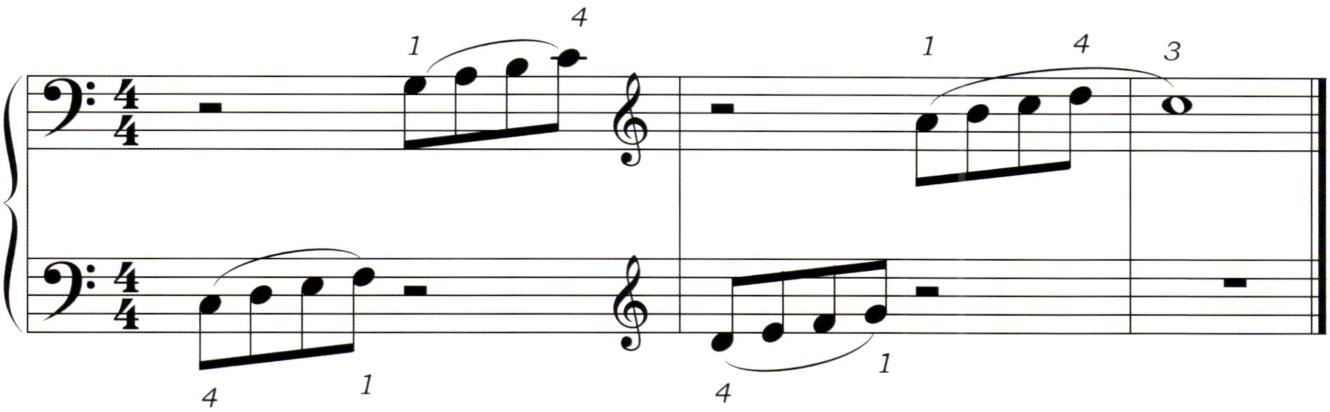

47

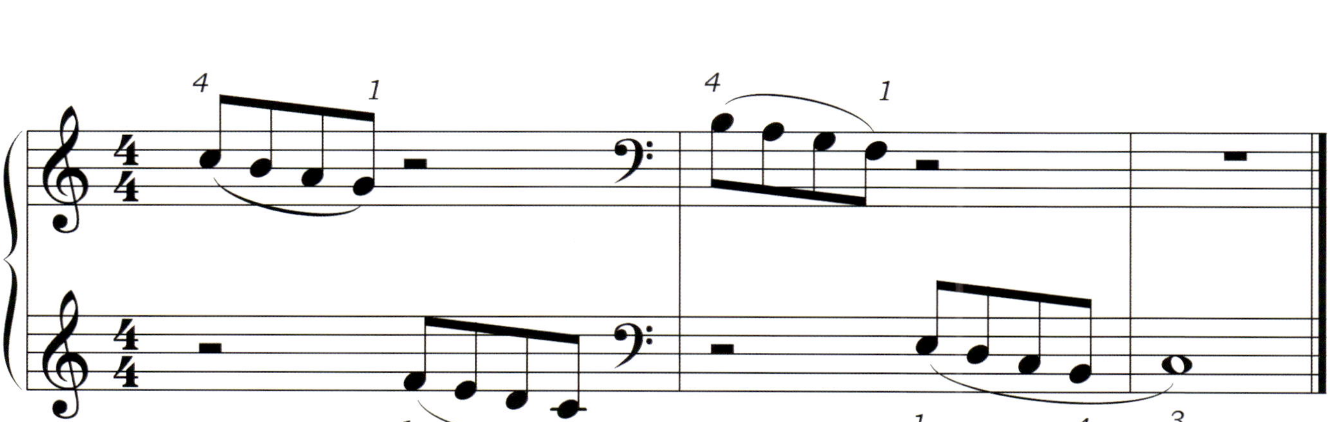

48

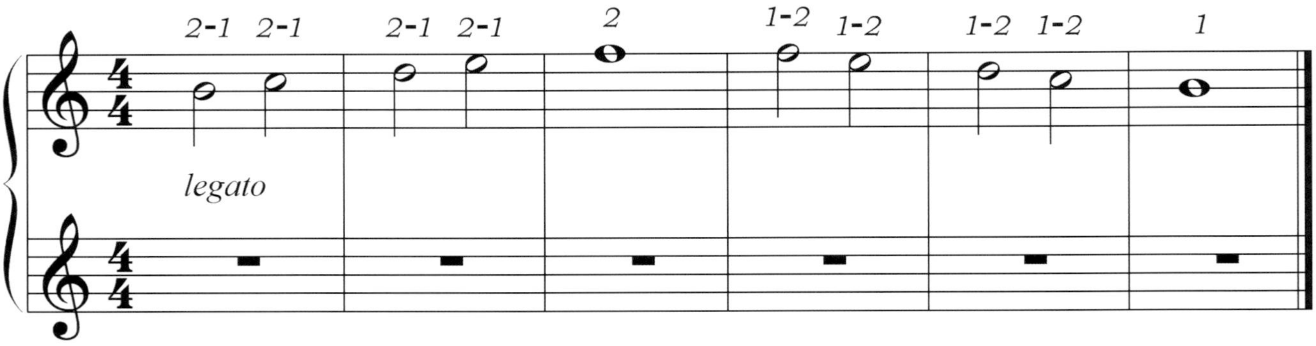
2-1 2-1 2-1 2-1 2 1-2 1-2 1-2 1-2 1
legato

49

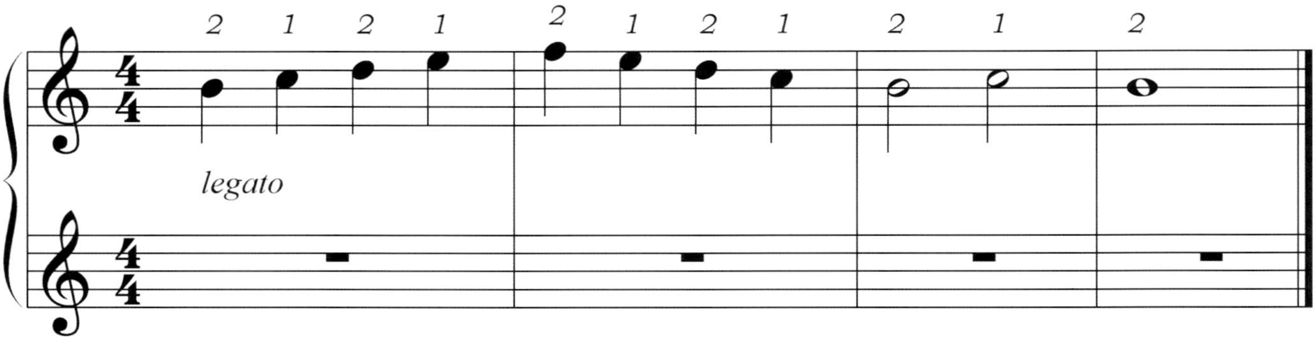
2 1 2 1 2 1 2 1 2 1 2
legato

50

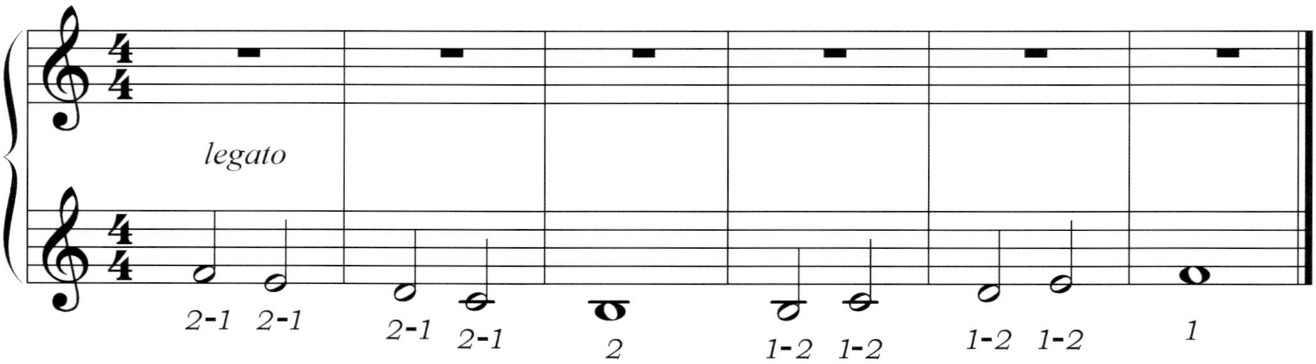
legato
2-1 2-1 2-1 2-1 2 1-2 1-2 1-2 1-2 1

51

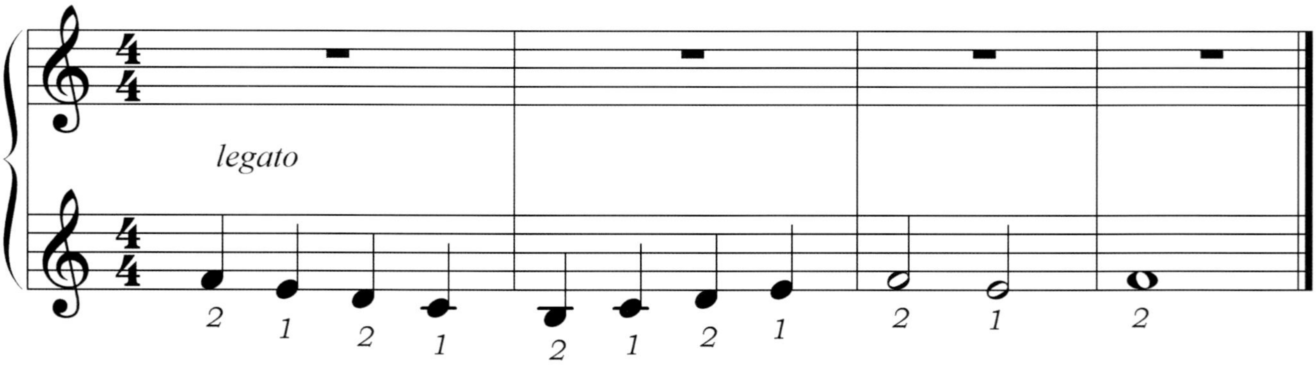
legato
2 1 2 1 2 1 2 1 2 1 2

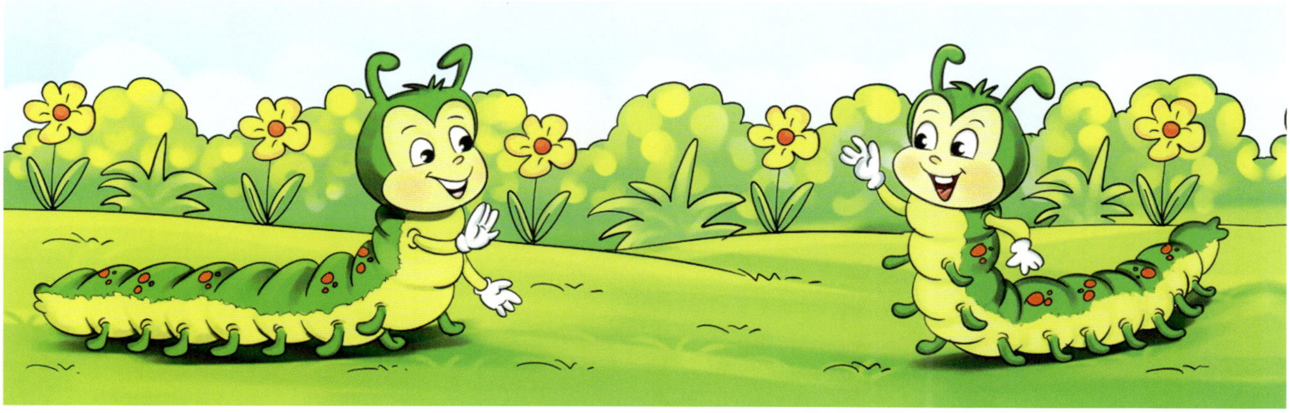

52

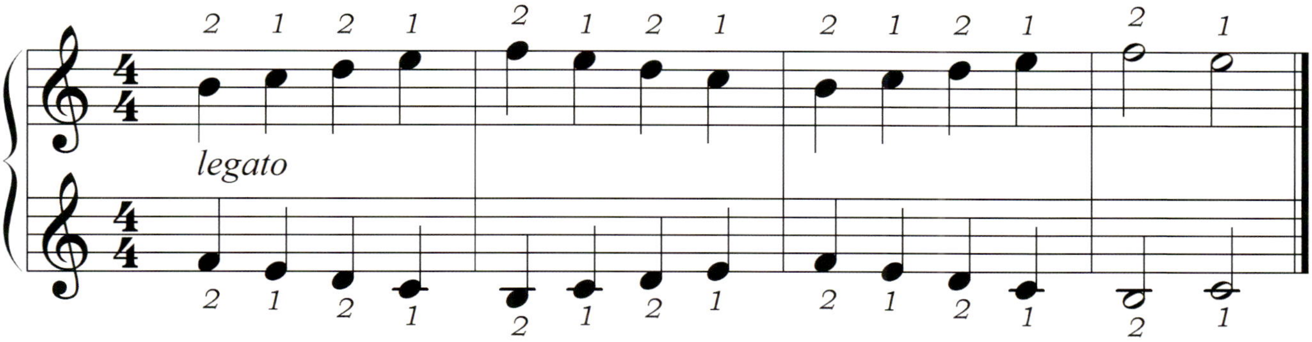

53

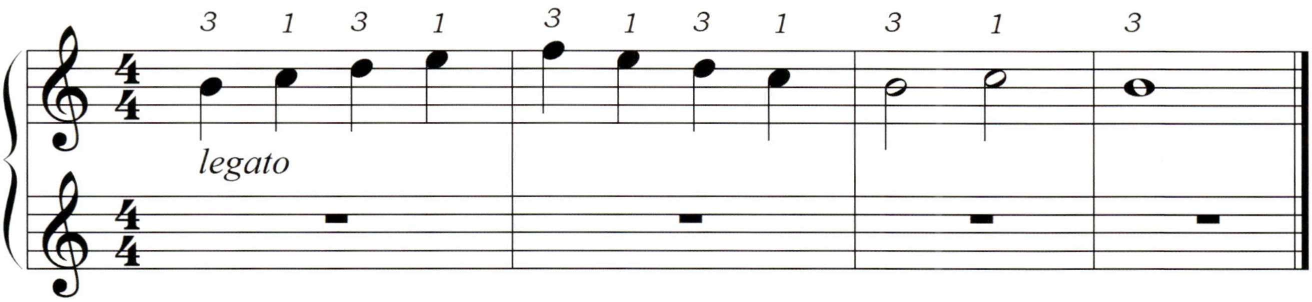

54

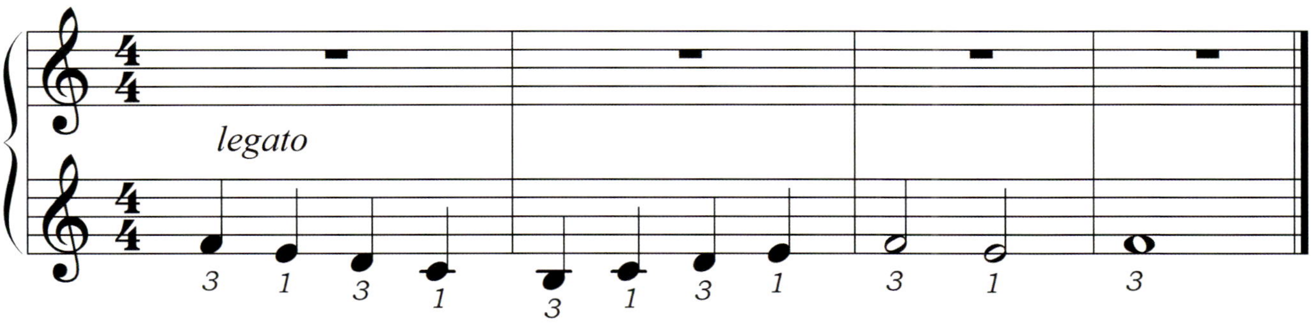

55

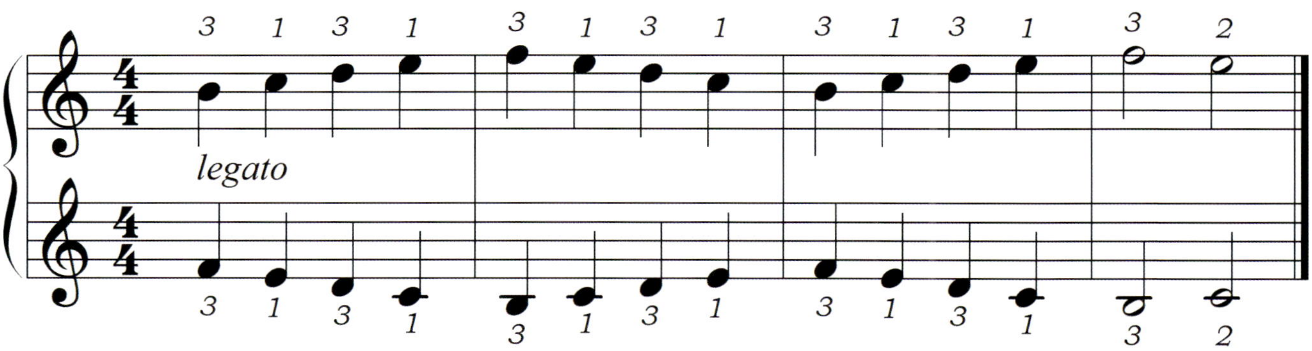

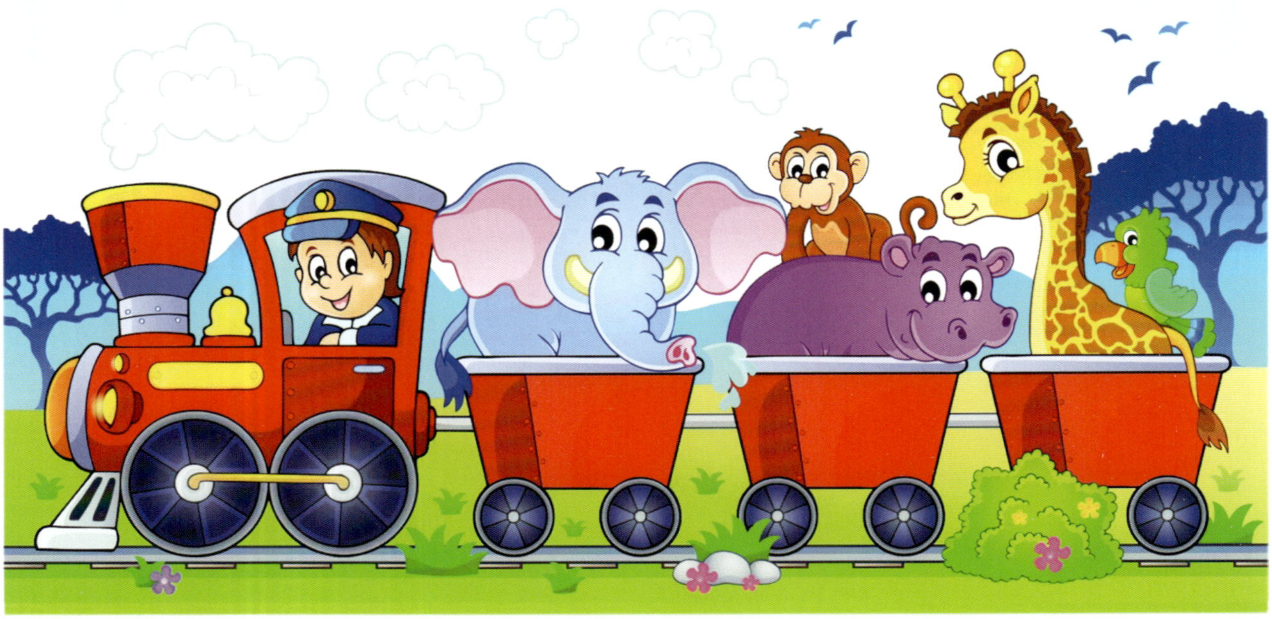

56

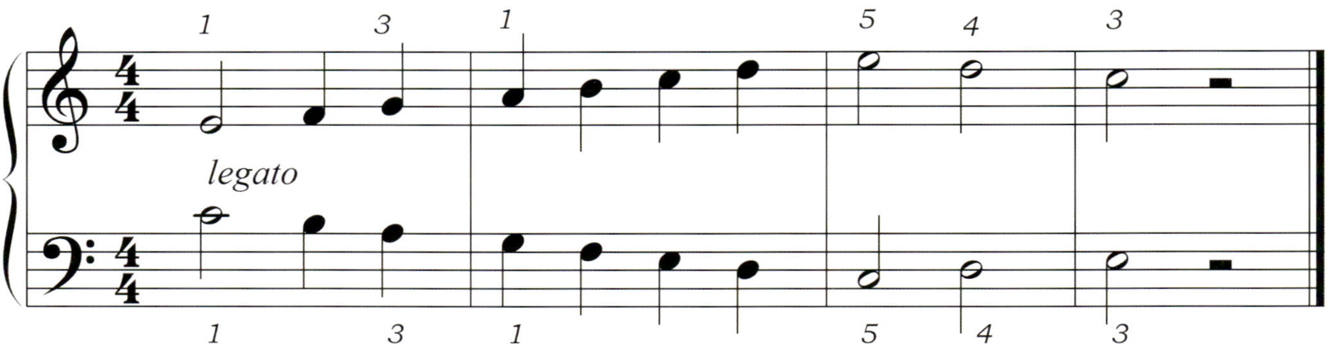

57

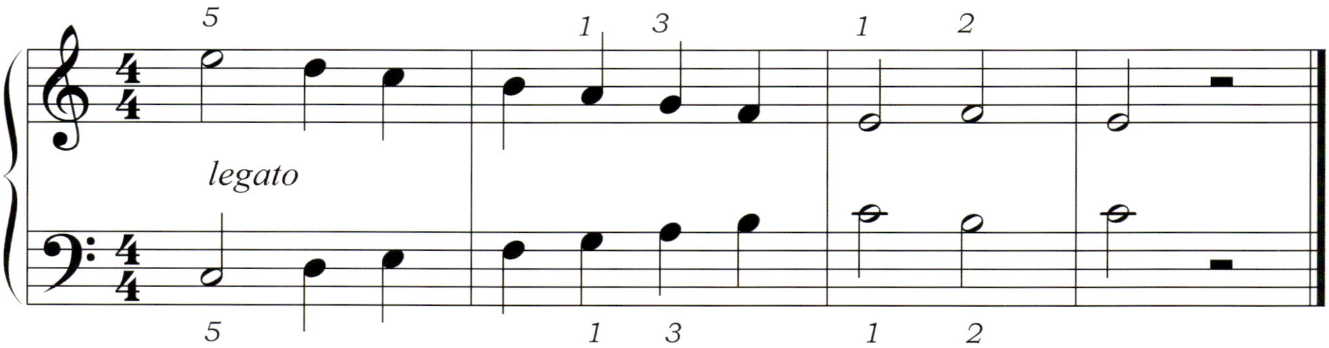

58

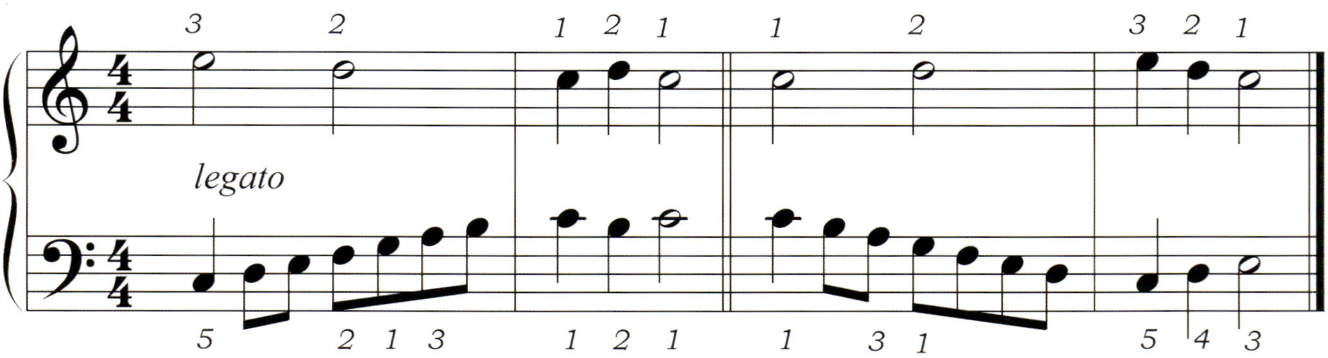

59

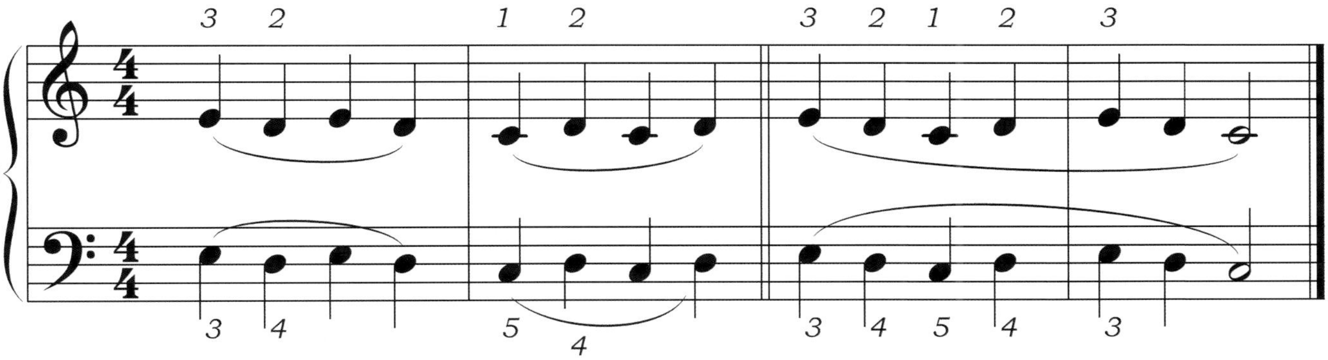

60

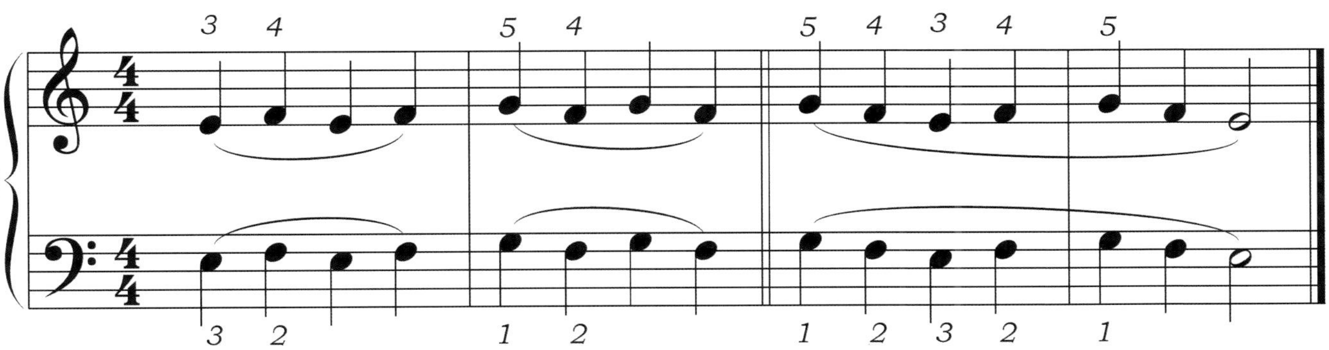

61

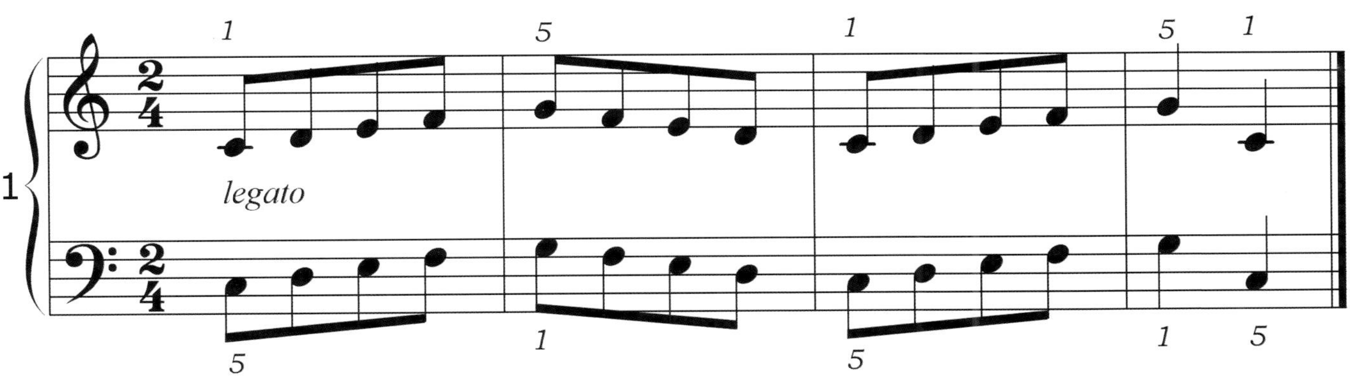

62

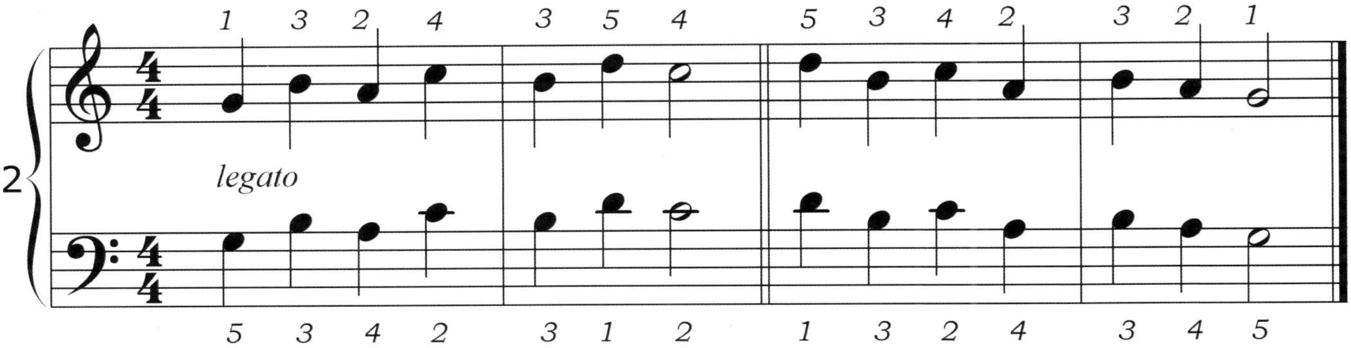

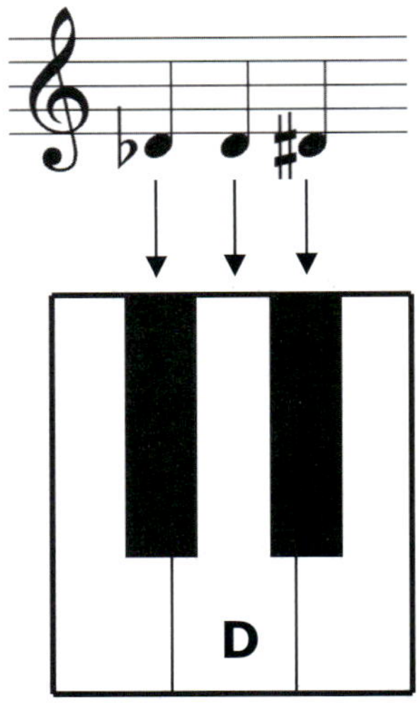

Vorzeichen Be erniedrigt einen Stammton um einen Halbton.

♭ Dabei wird statt der weißen (d, e, g, a, h) die vorstehende schwarze Taste links angeschlagen.

Vorzeichen Kreuz erhöht einen Stammton um einen Halbton.

♯ Dabei wird statt der weißen (c, d, f, g, a) die nächste schwarze Taste rechts angeschlagen.

63

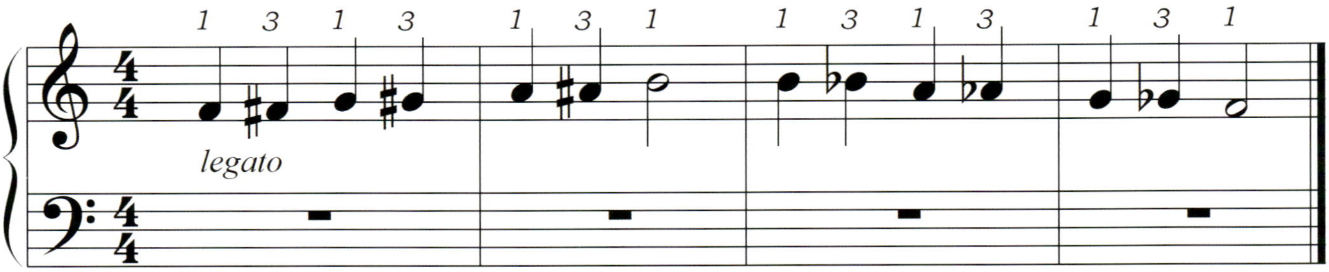

64

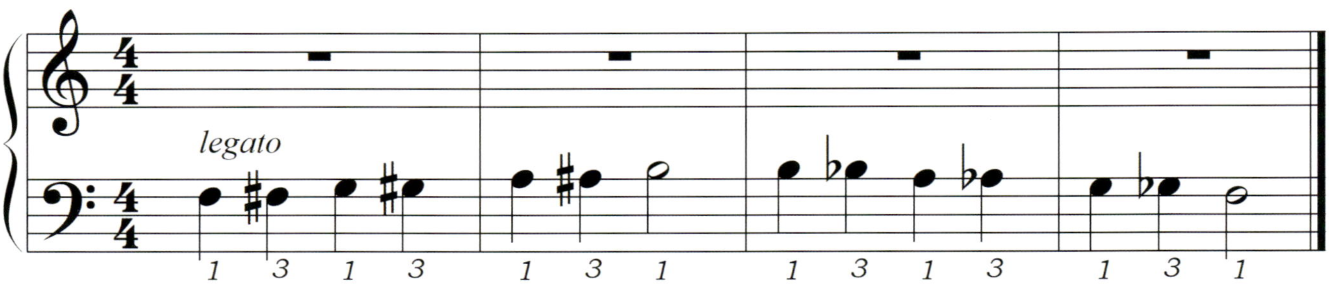

65

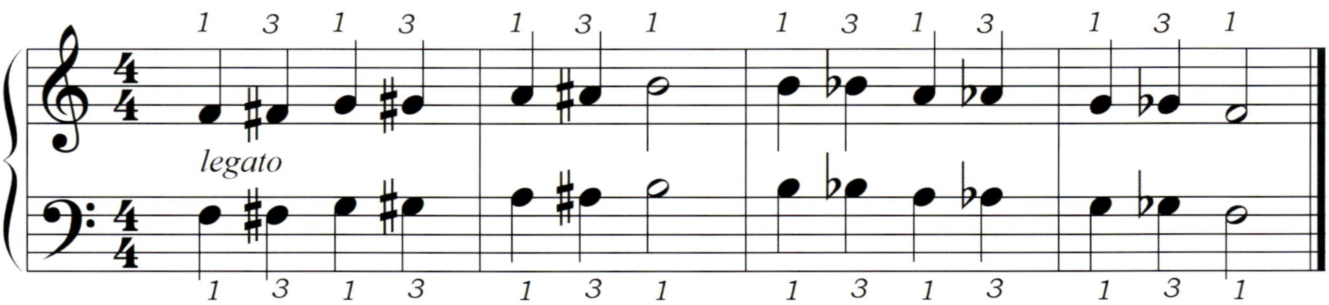

66

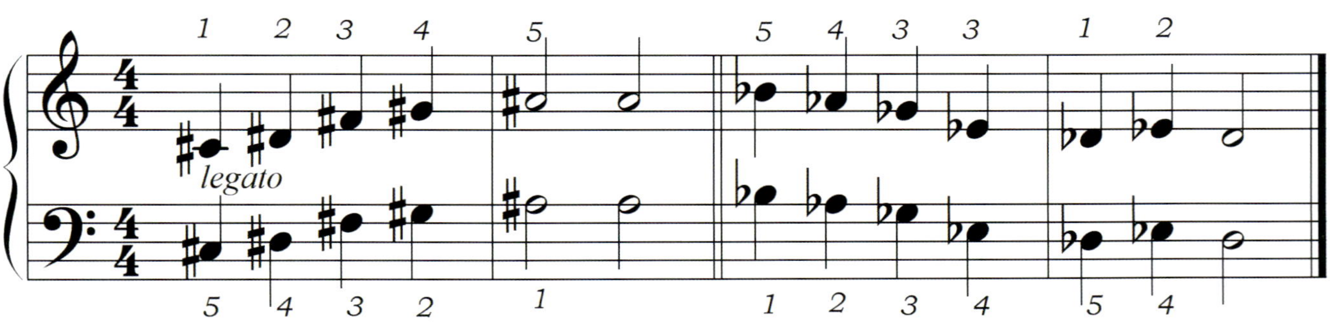

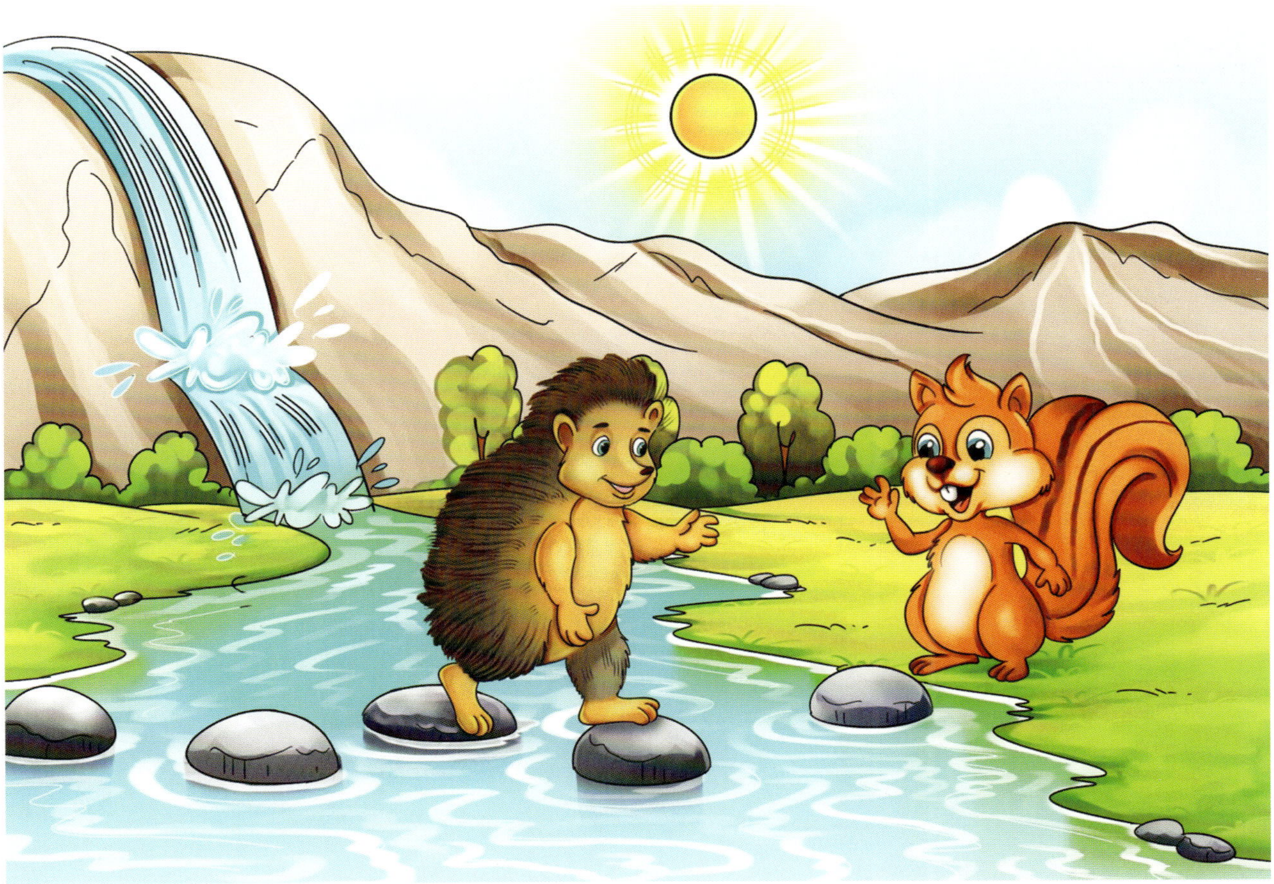

67
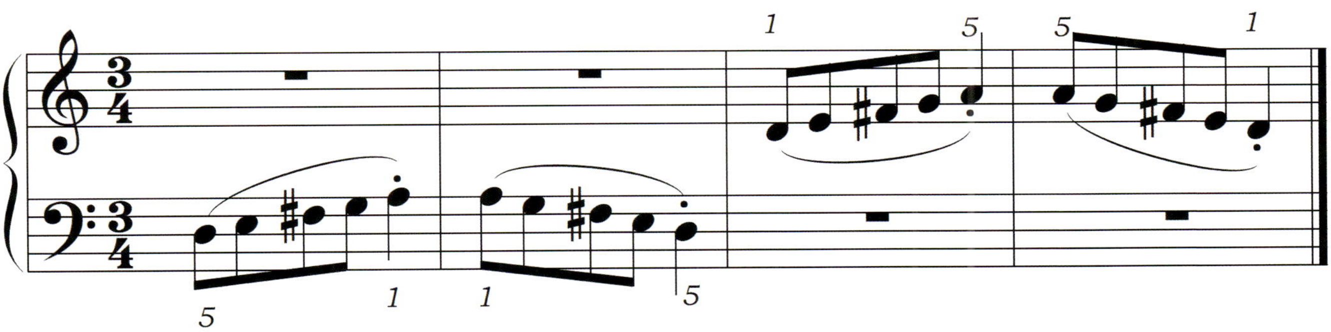

68
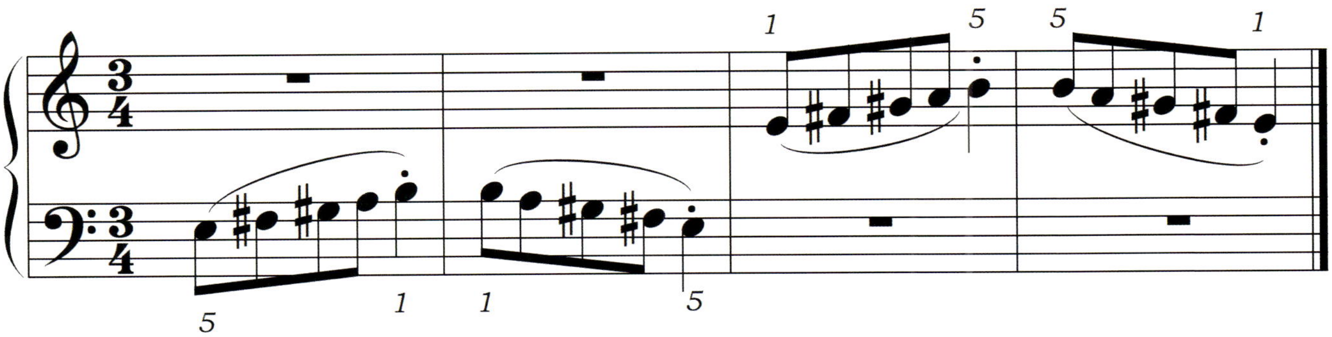

69
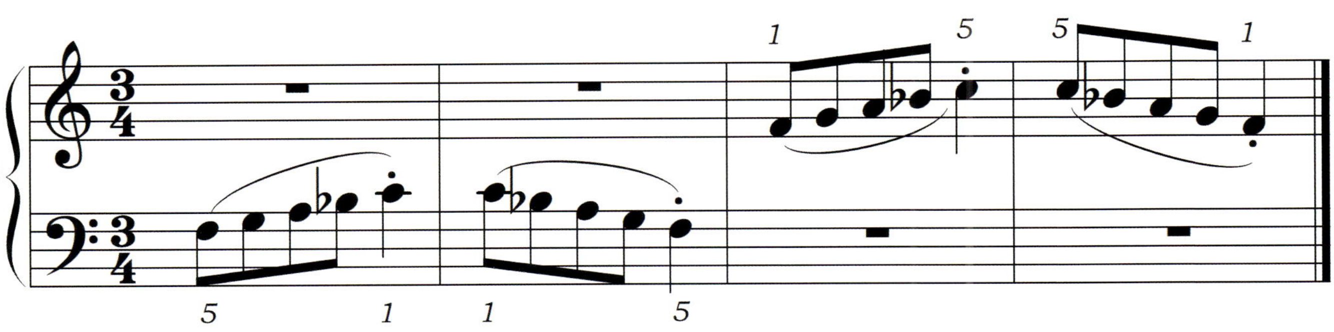

70
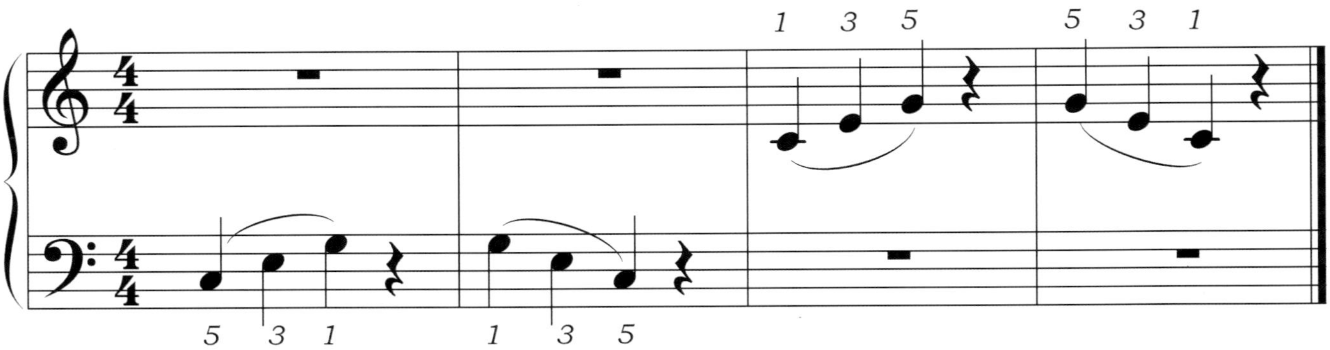

71
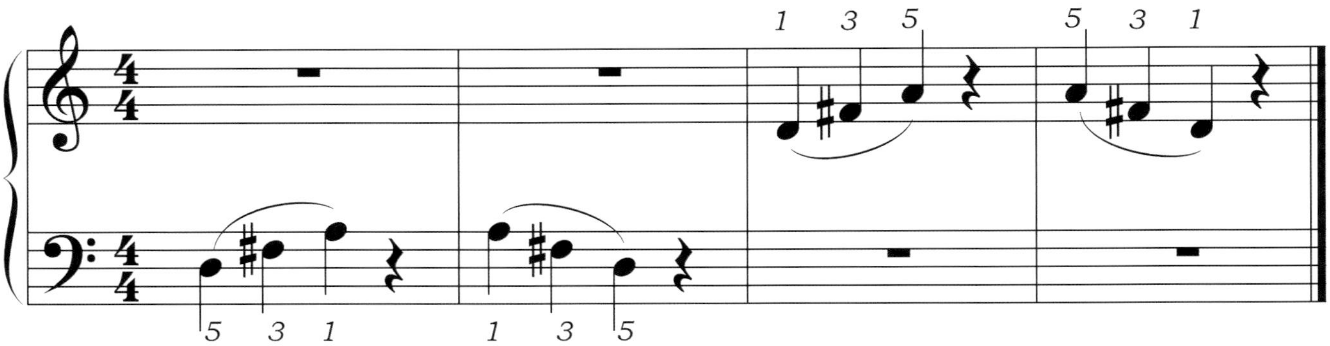

72
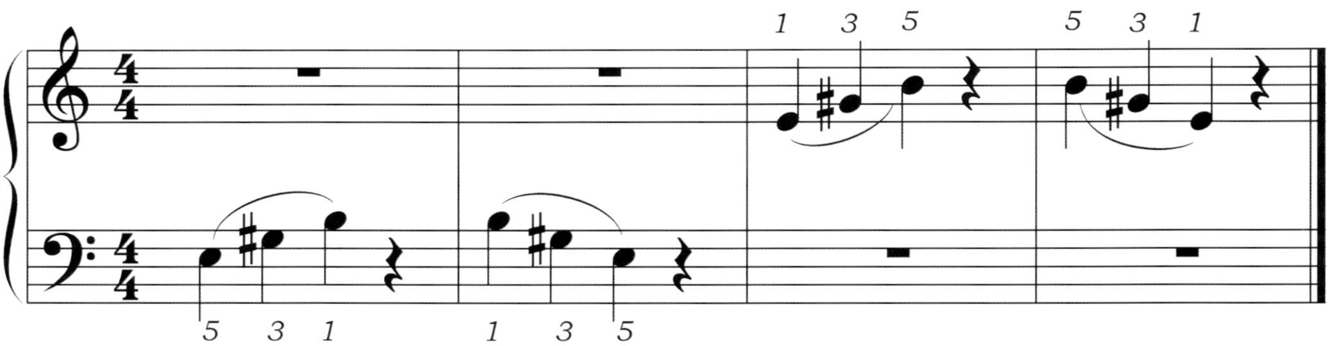

73
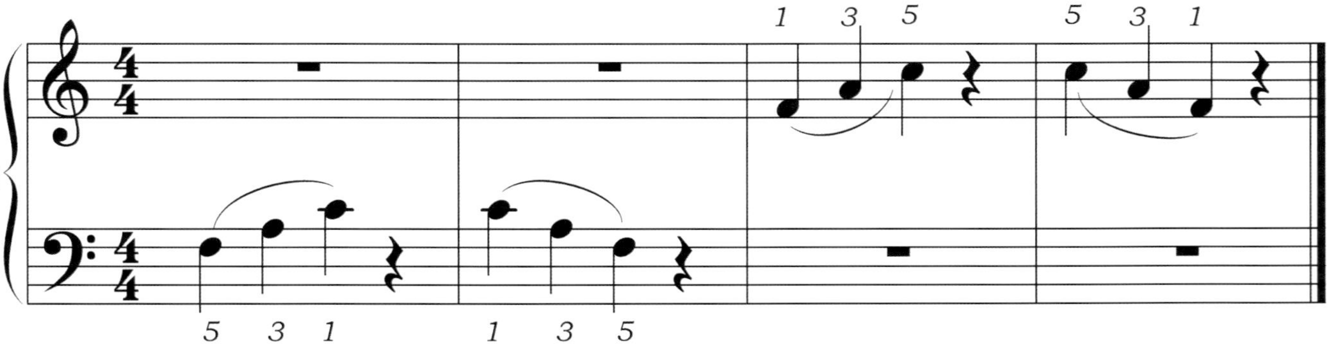

74

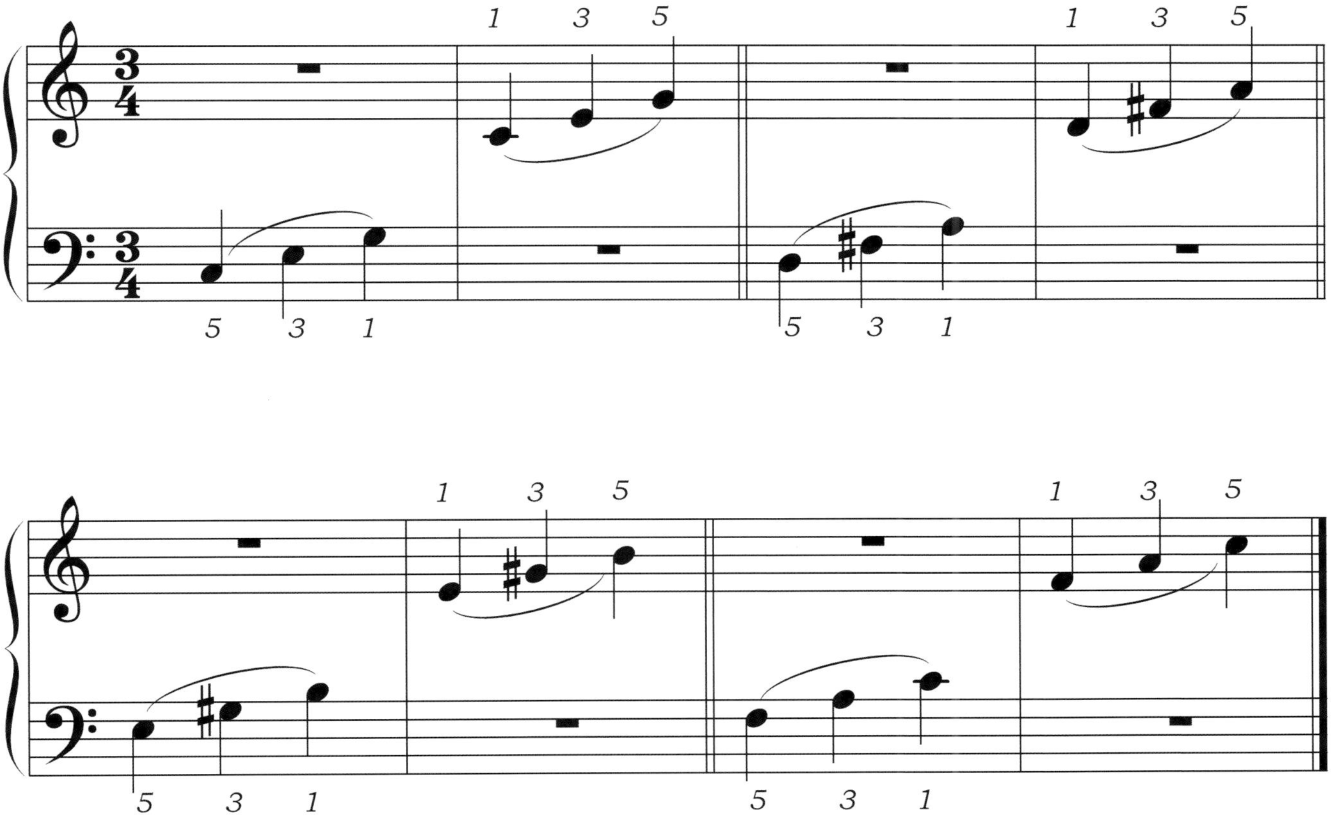

75

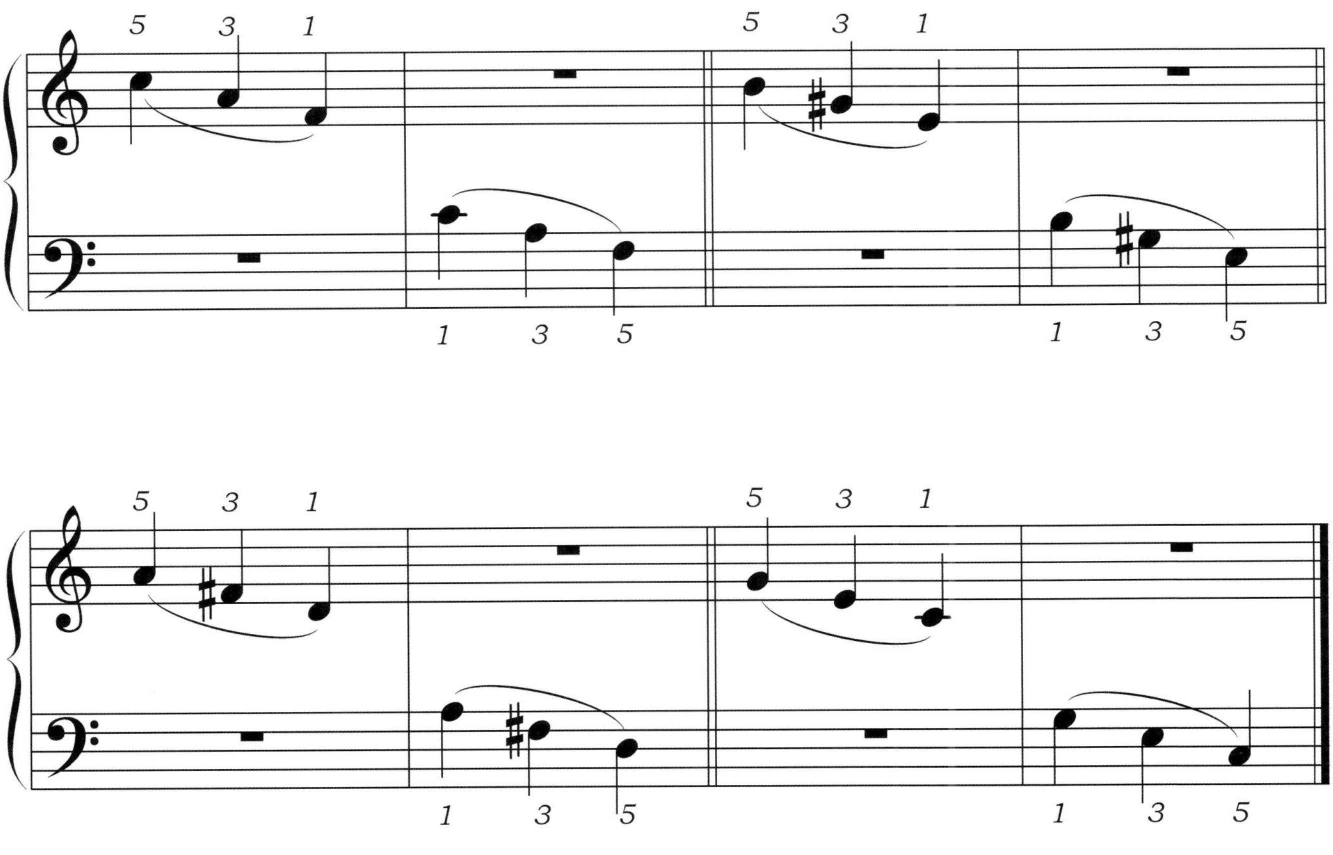

76

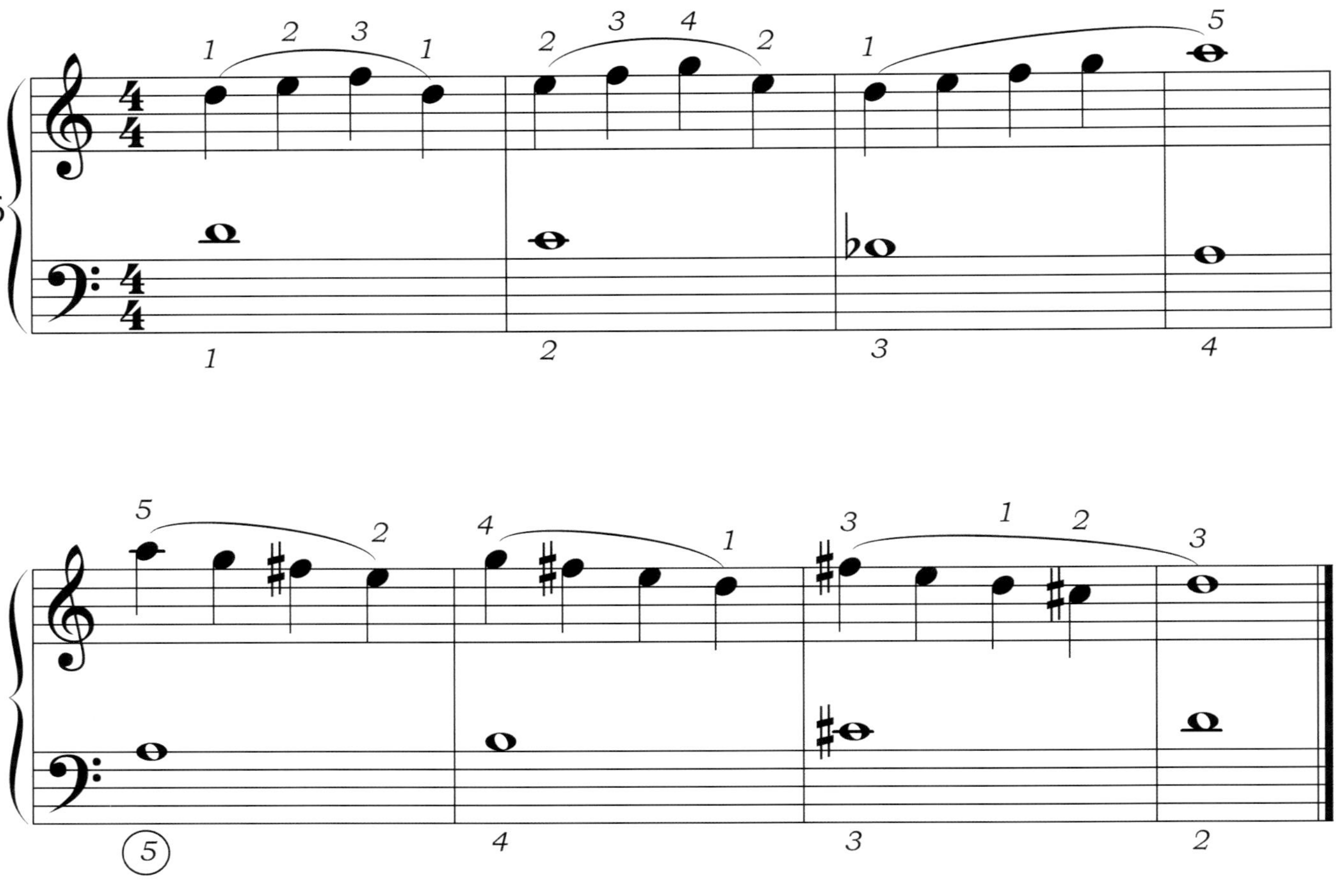

77

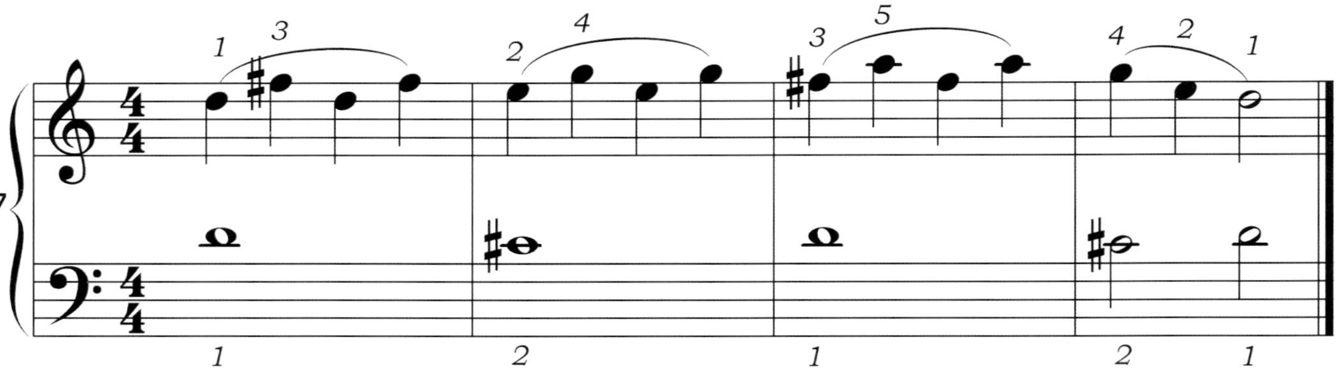

78

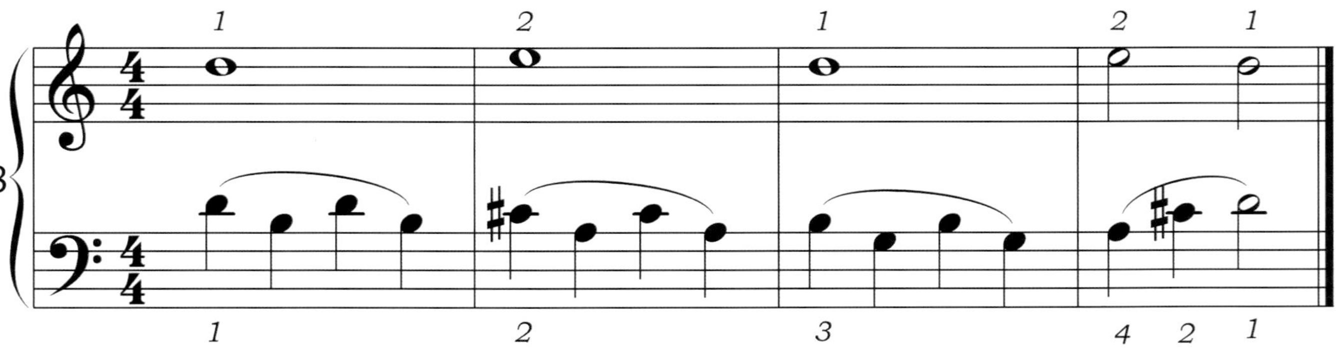

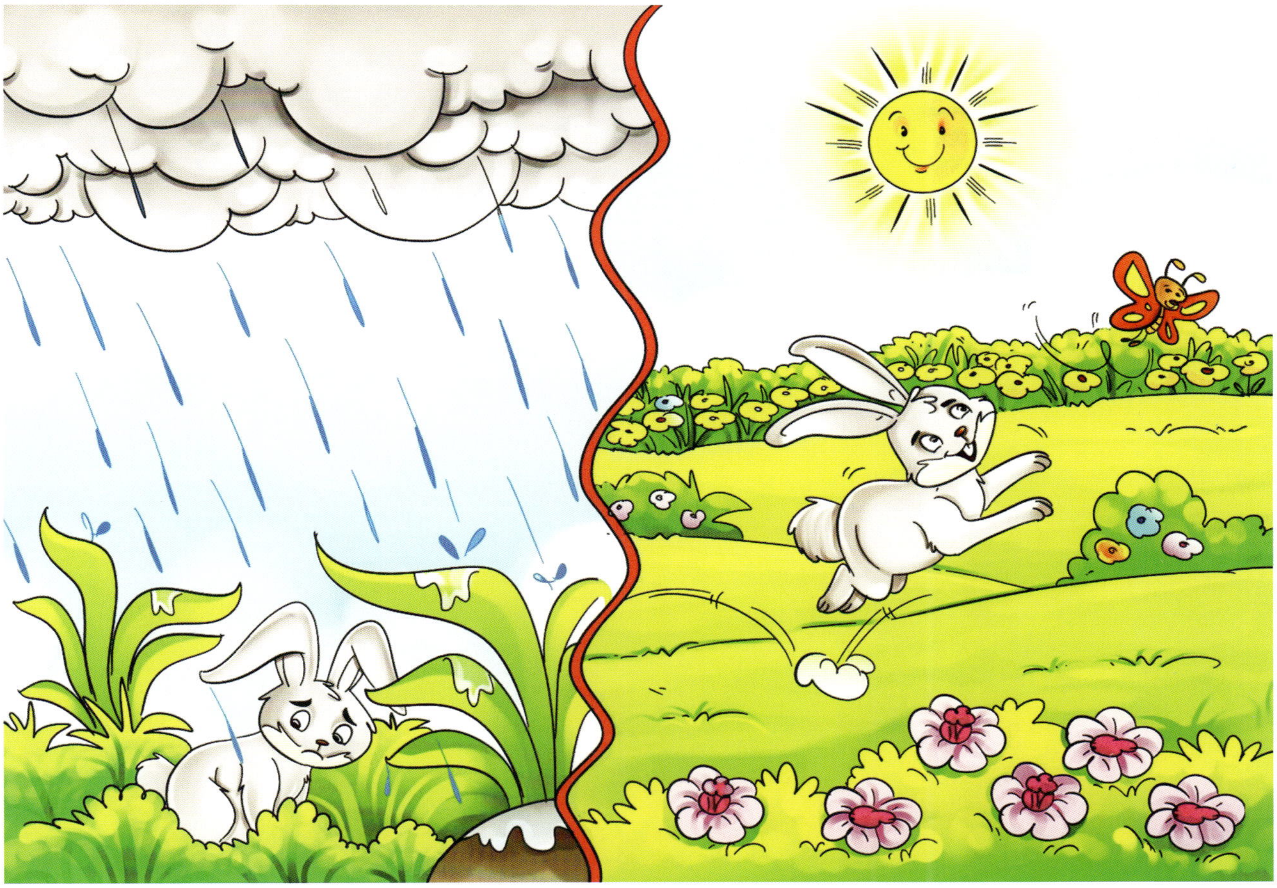

79

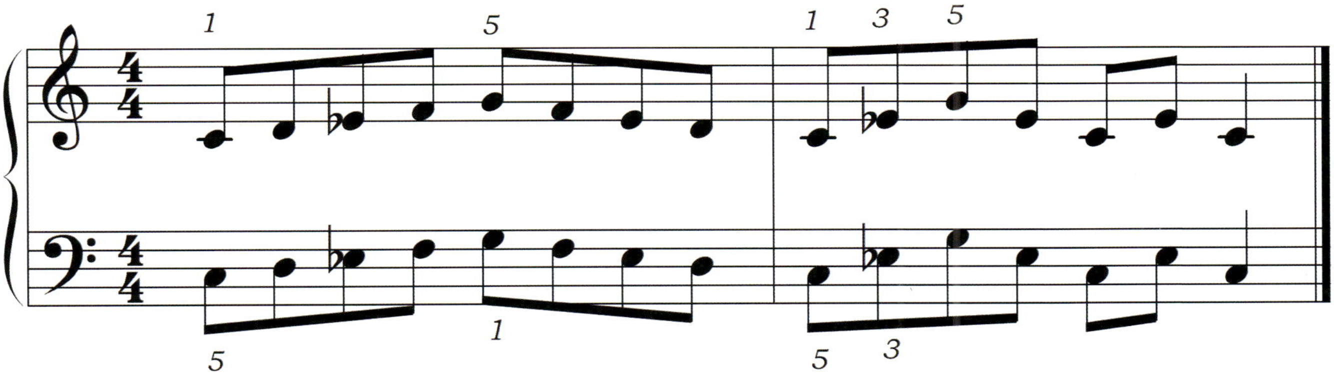

80

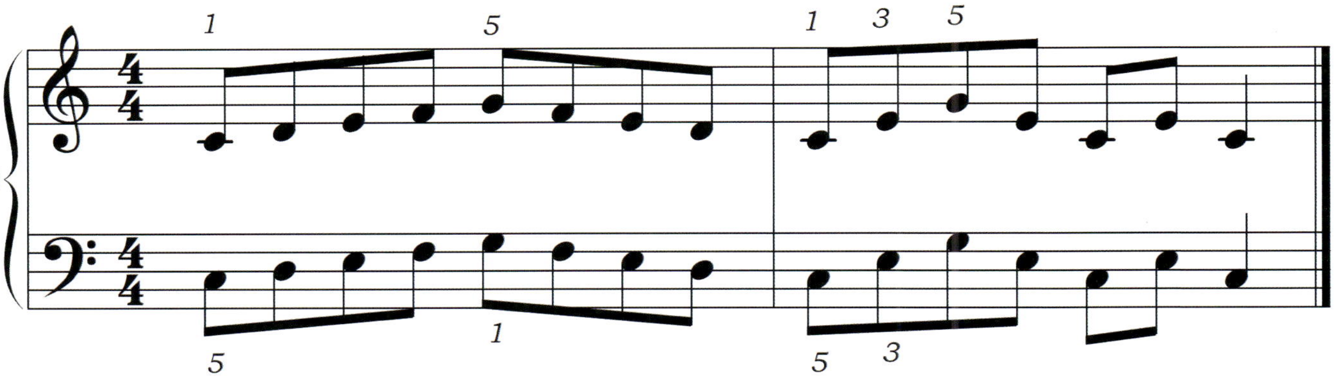

81

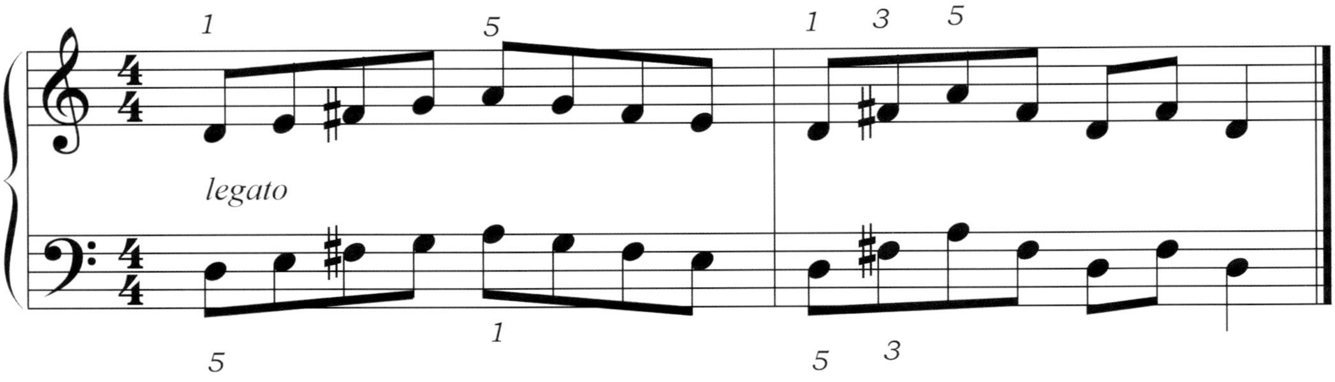

82

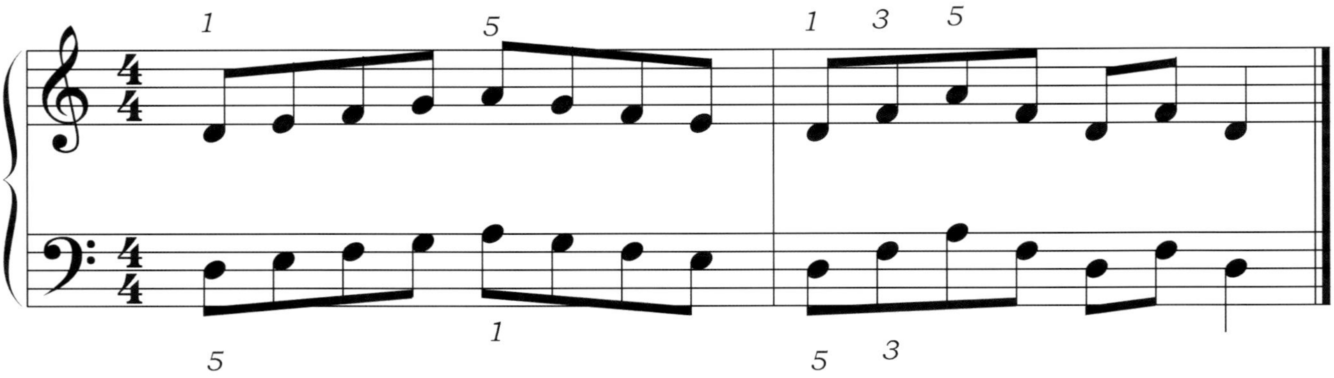

83

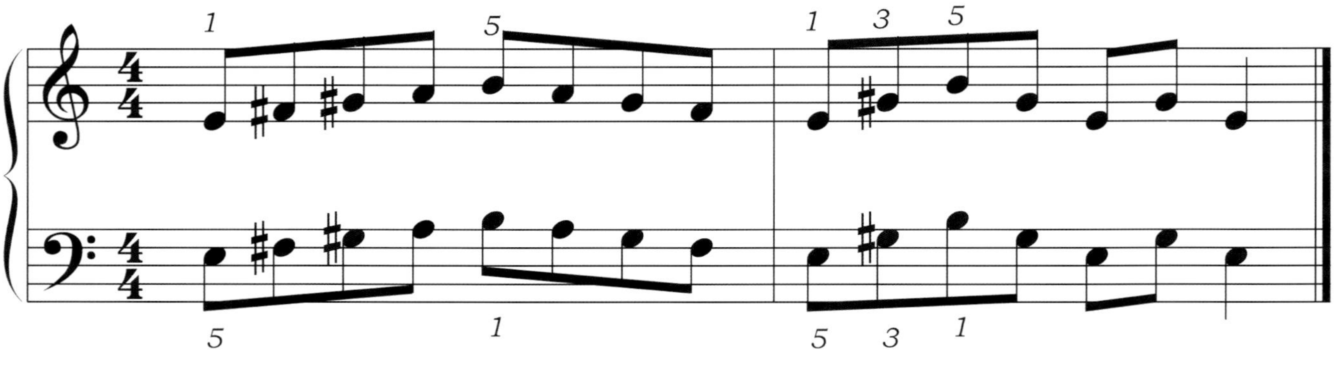

84

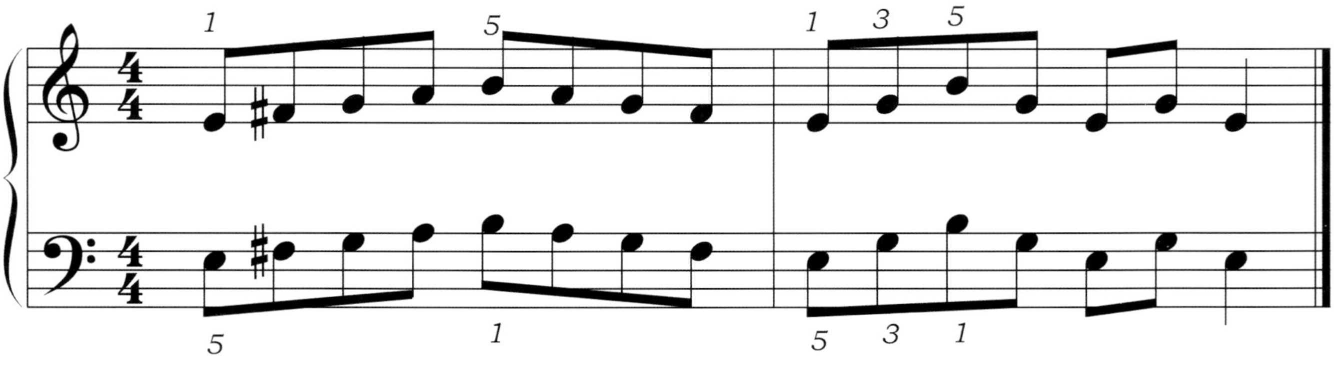

85
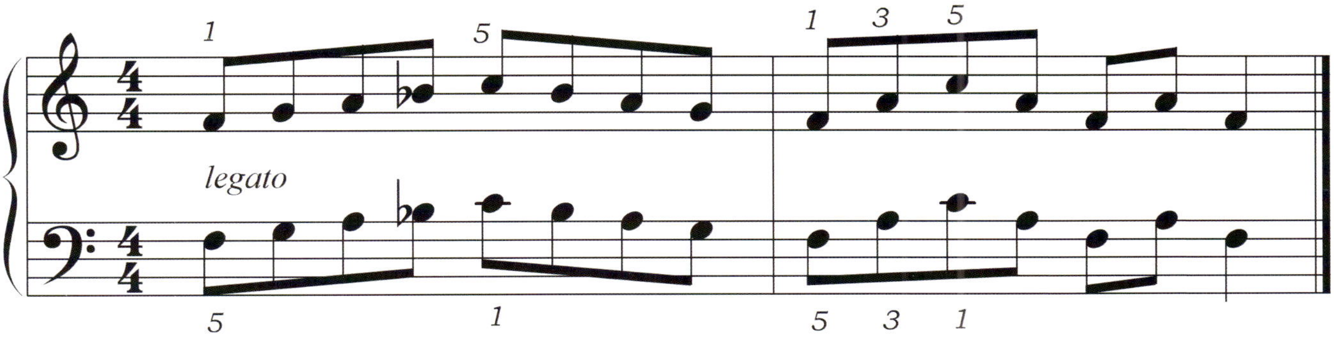

86
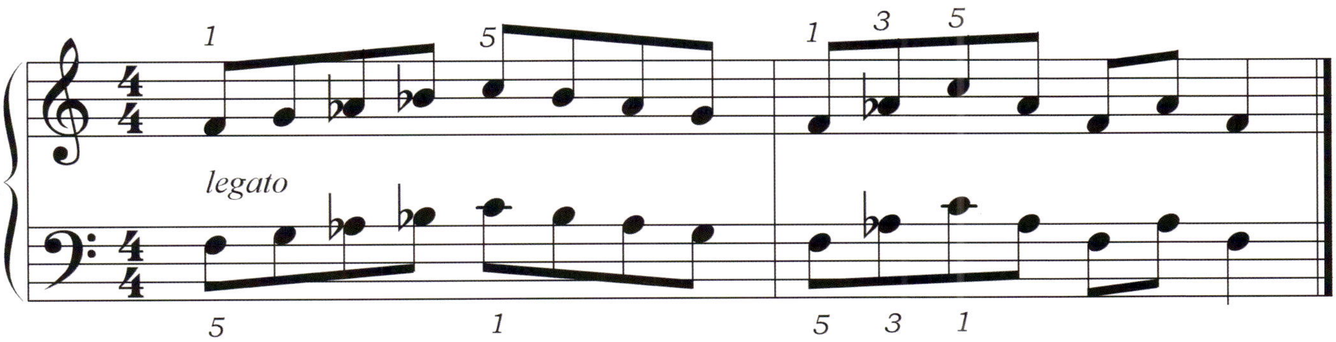

87
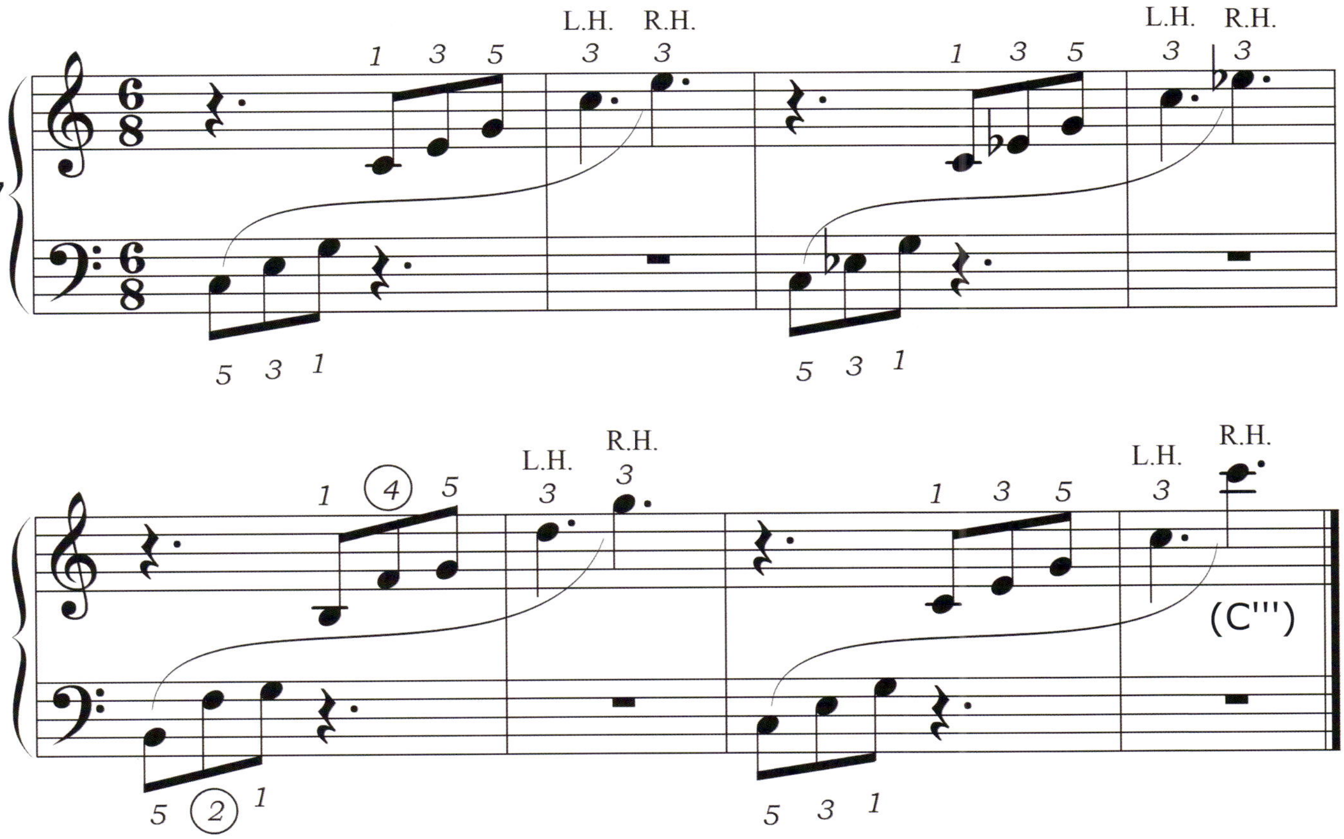

L.H. (l.H) – die unten stehende Note spielt man mit der linken Hand.

R.H. (r.H) – die unten stehende Note spielt man mit der rechten Hand.

88

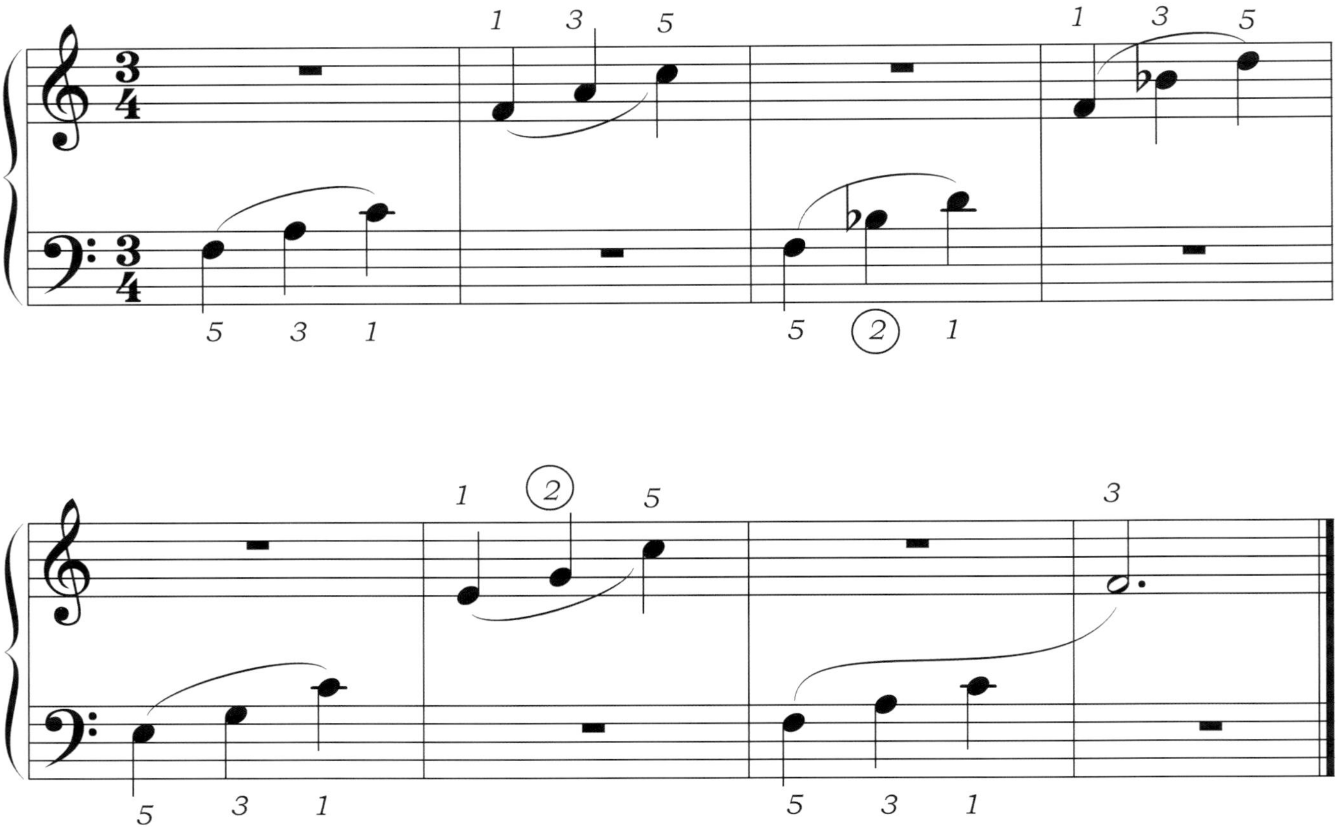

89

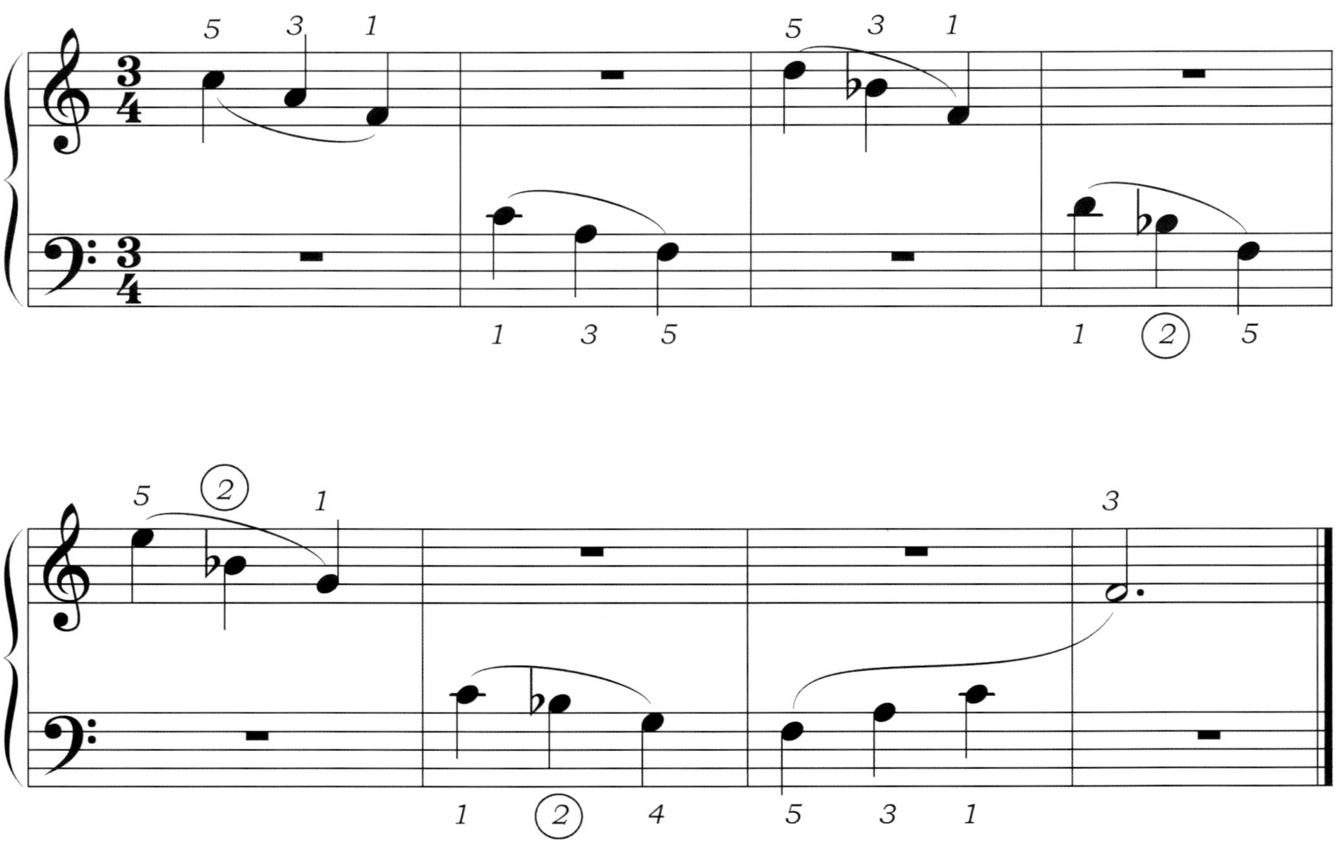

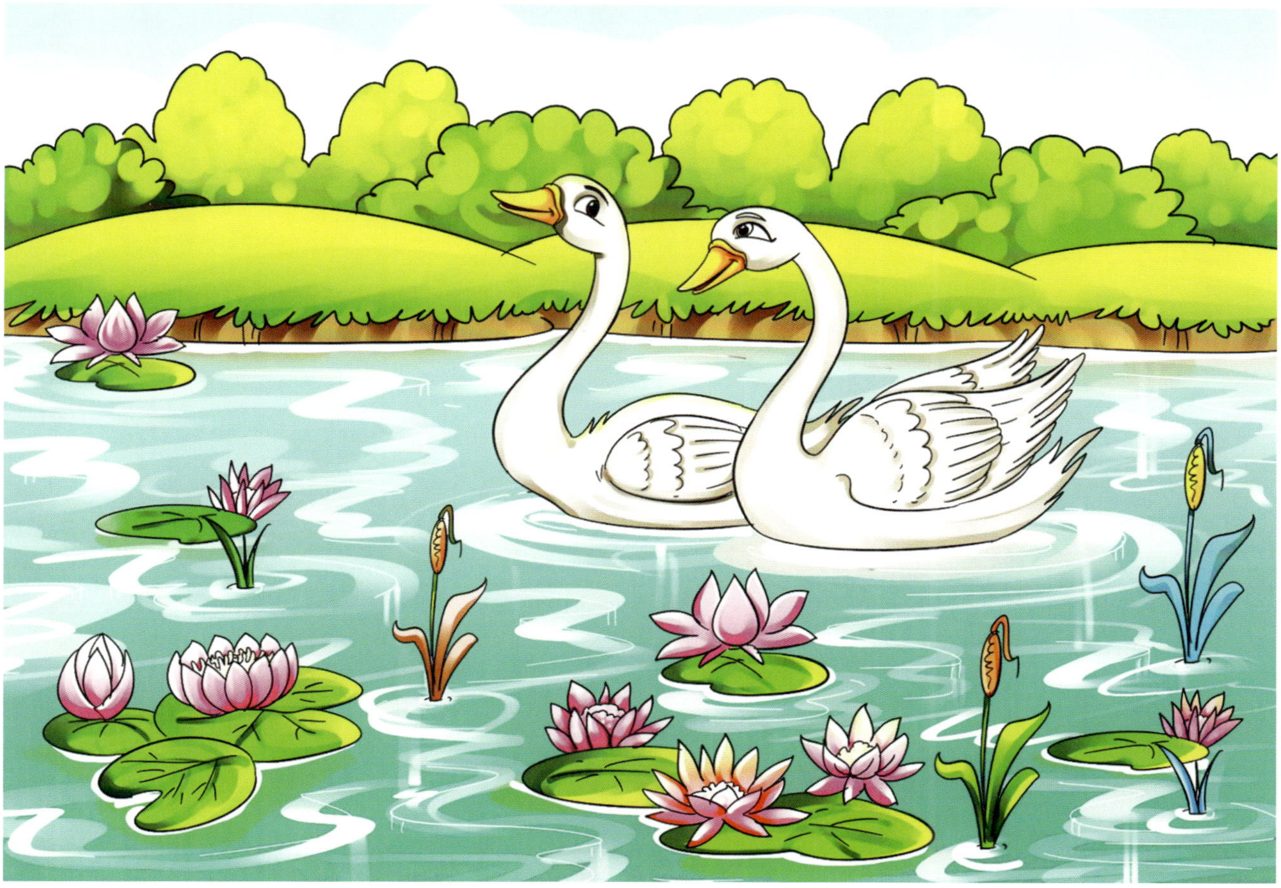

90

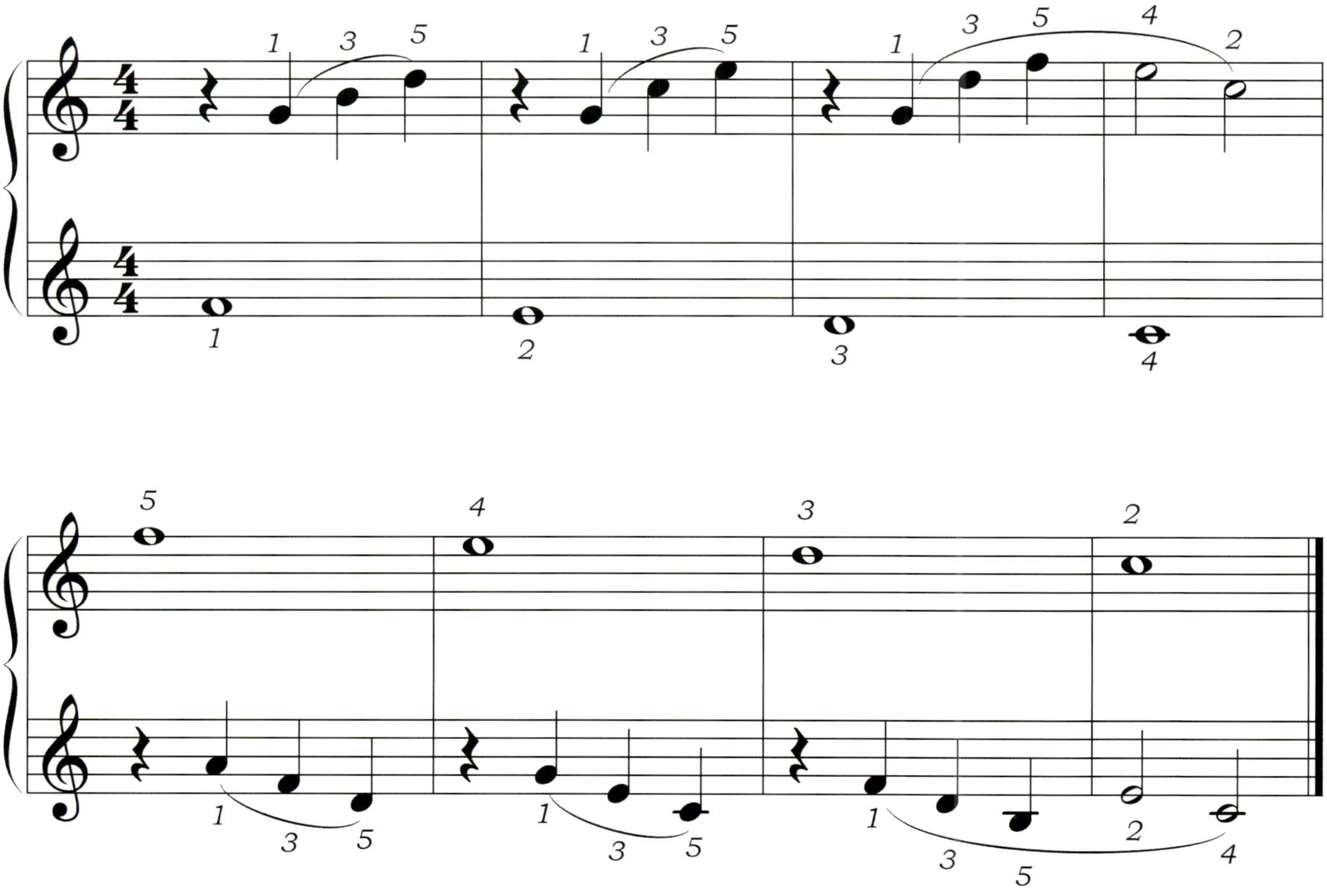

91

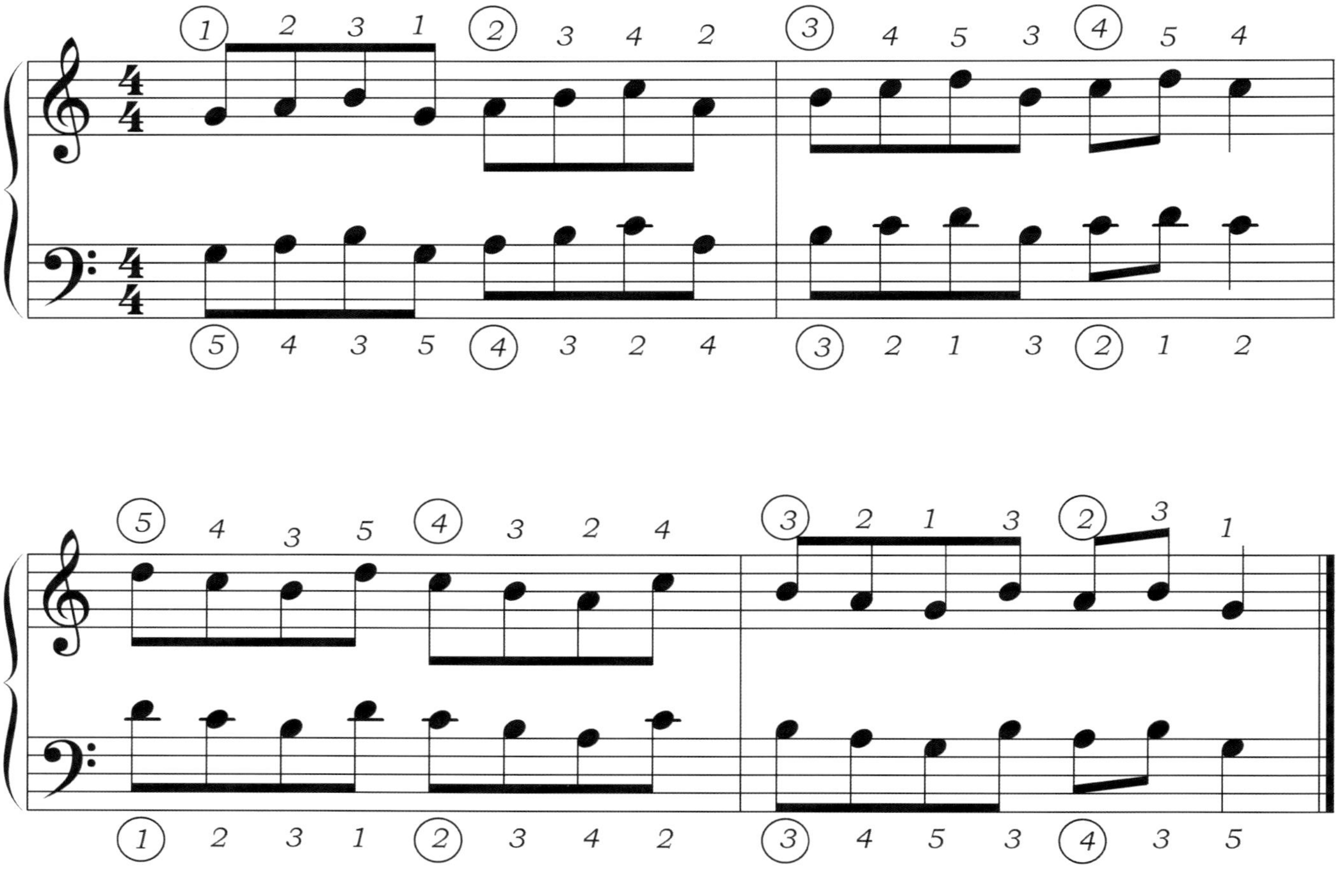

92

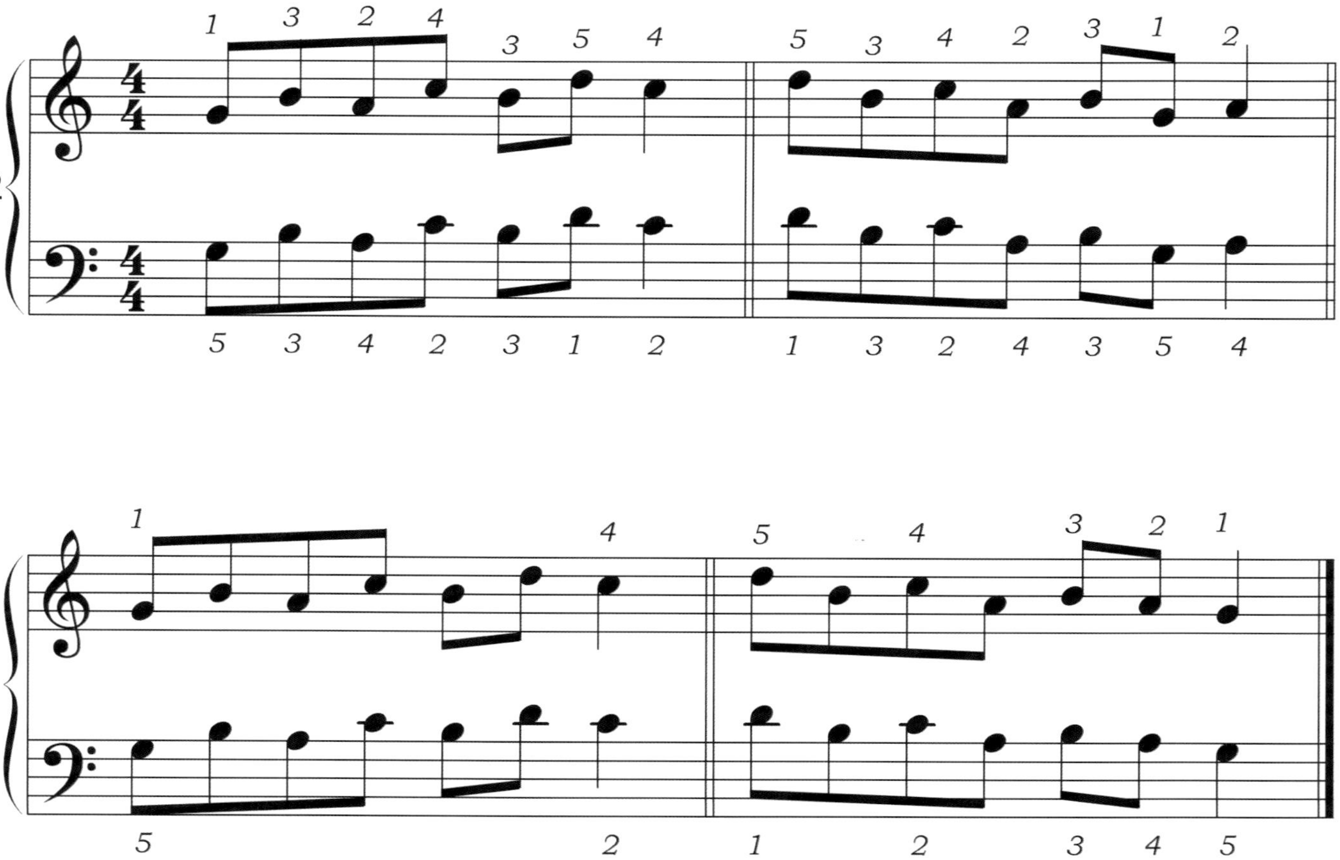

Die Intervalle (Zweiklänge)

Sekunde

93 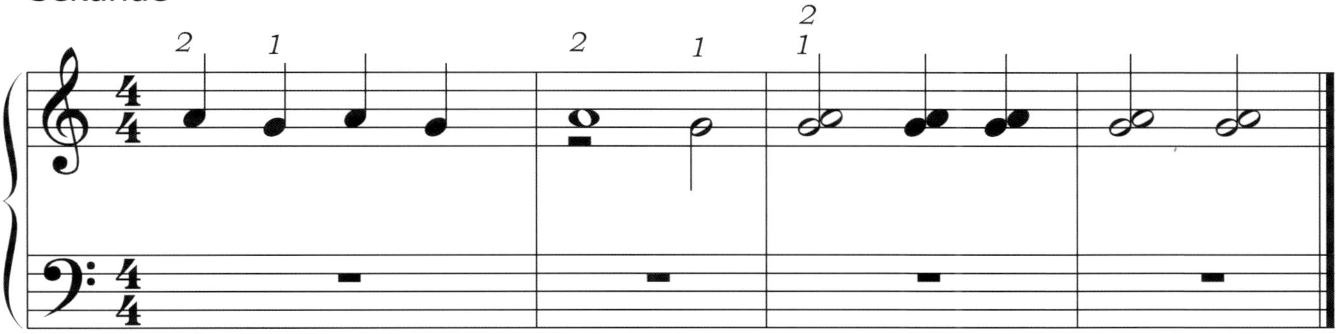

94 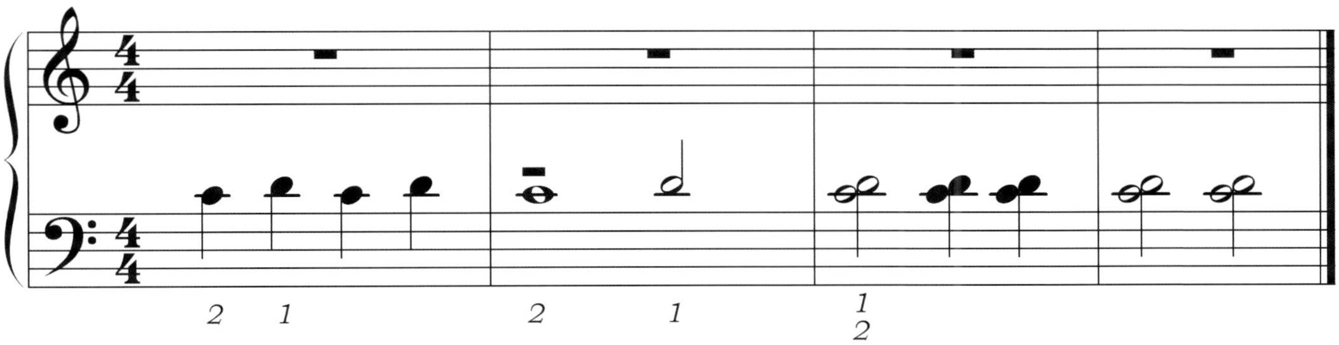

Terz

95 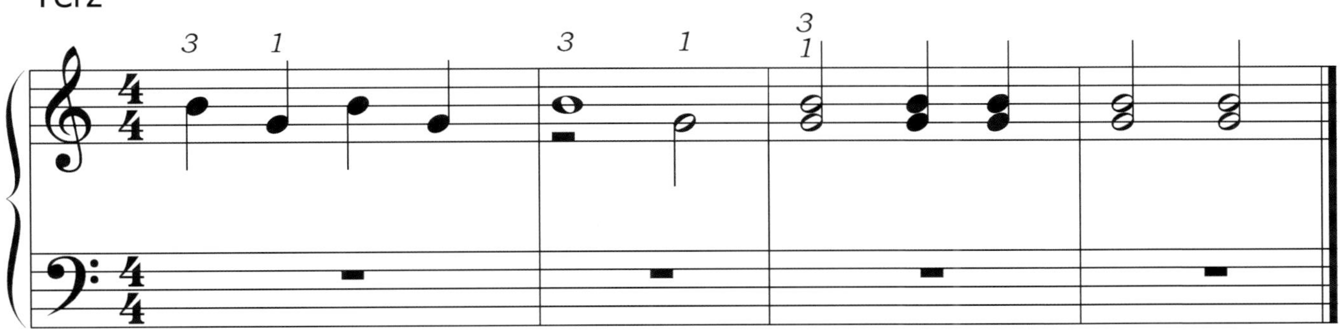

96 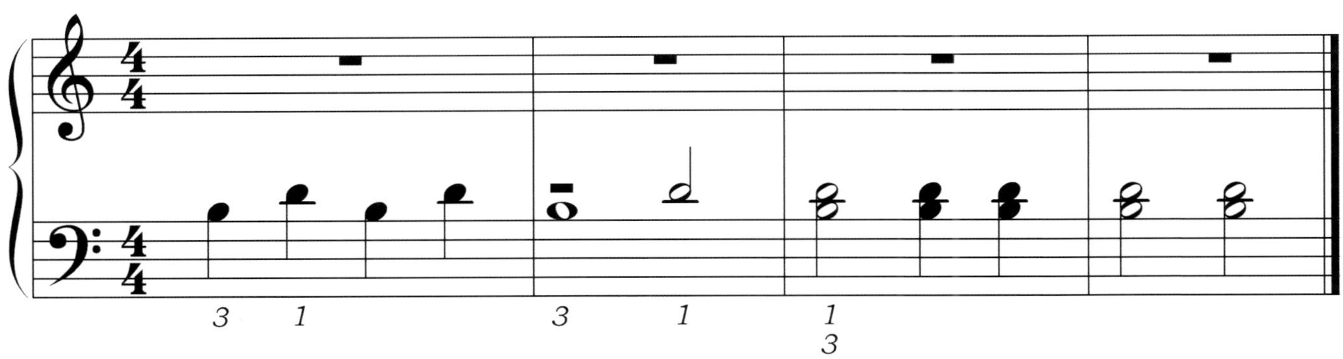

Quarte

97
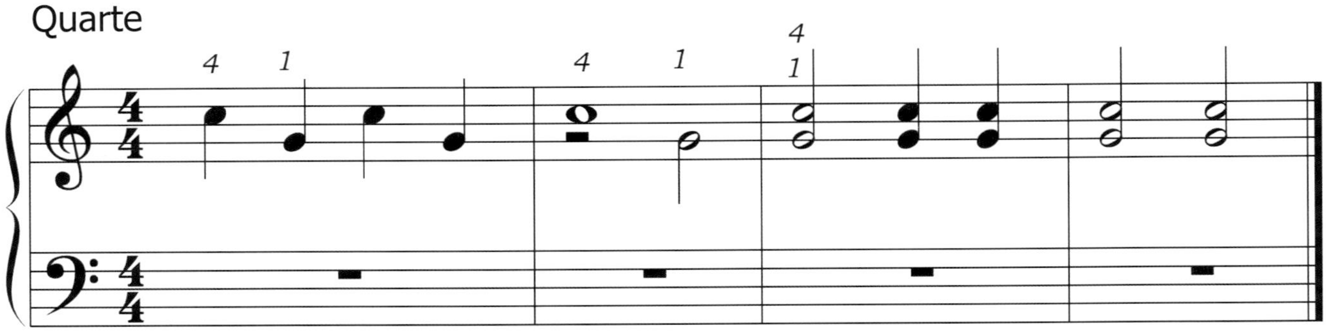

98
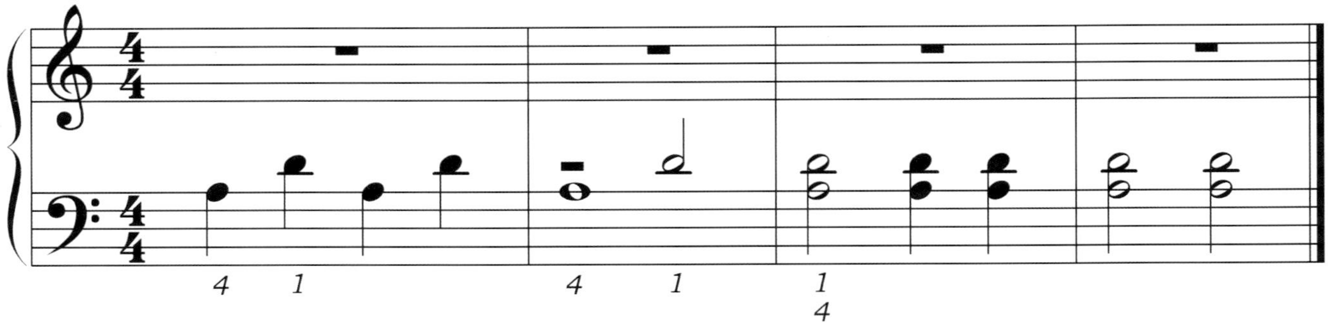

Quinte

99
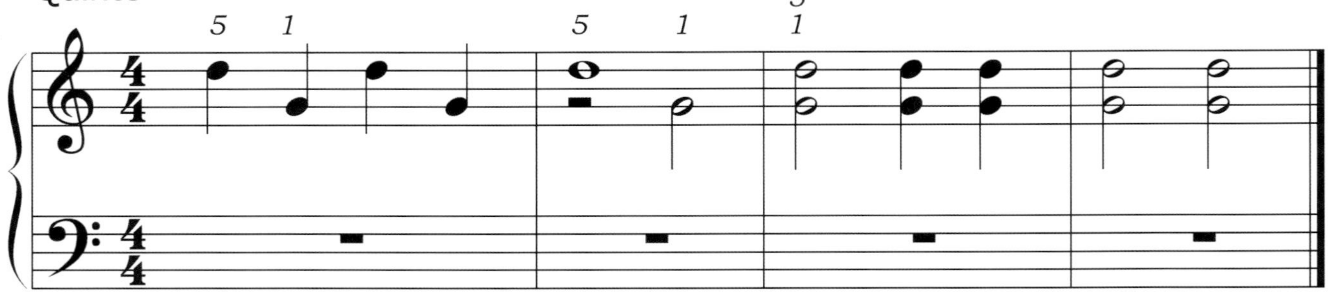

100
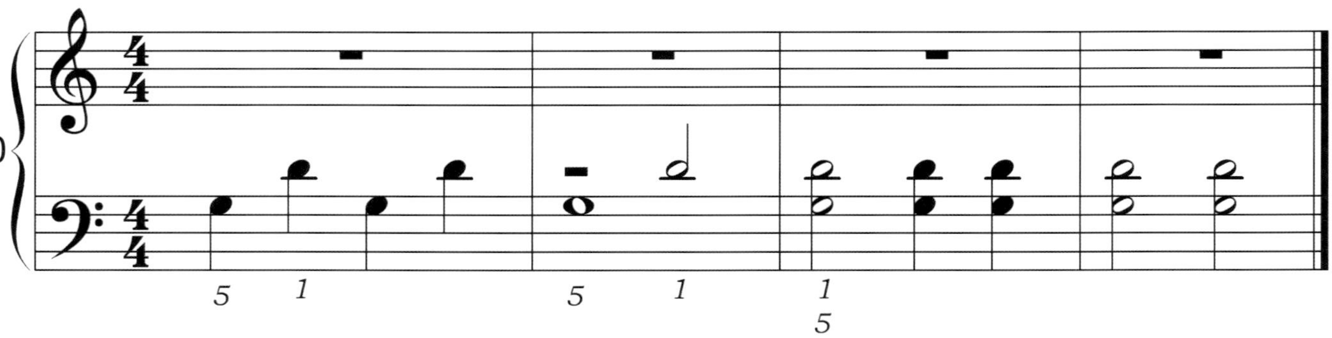

101
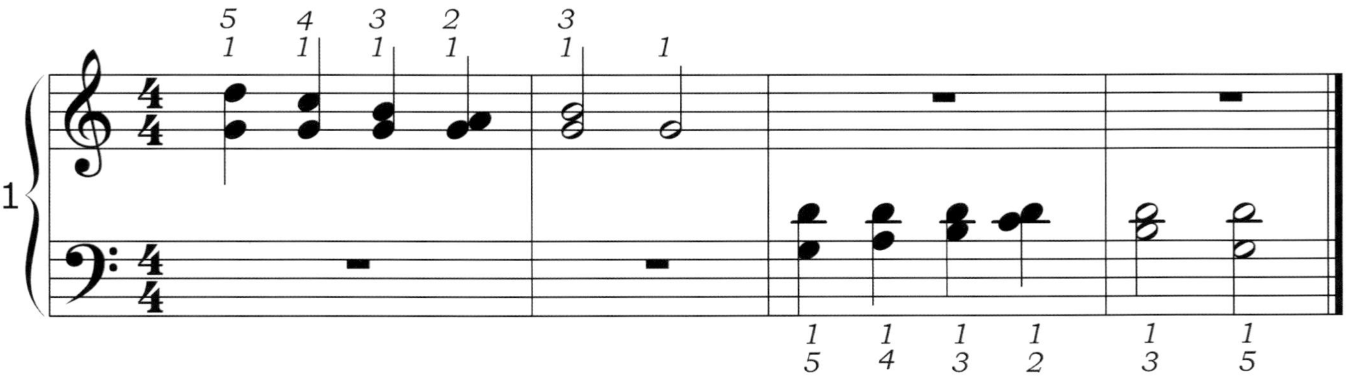

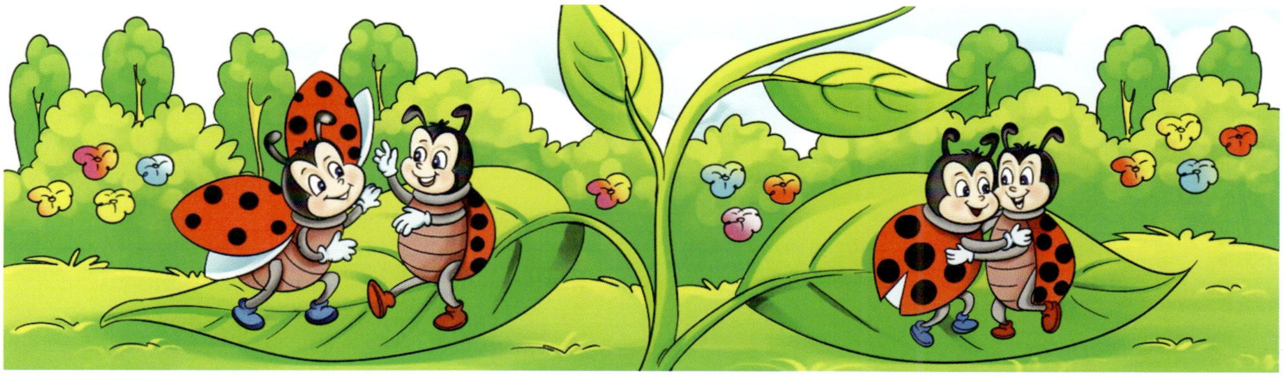

102
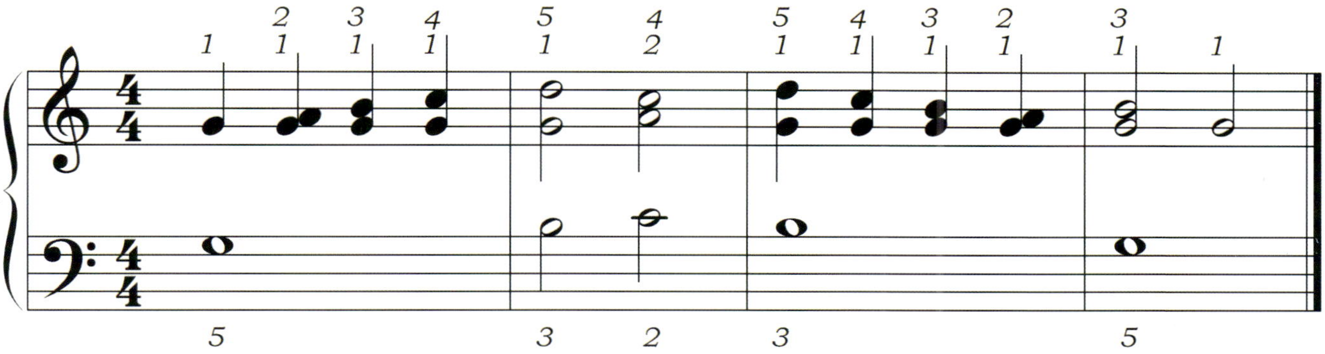

103
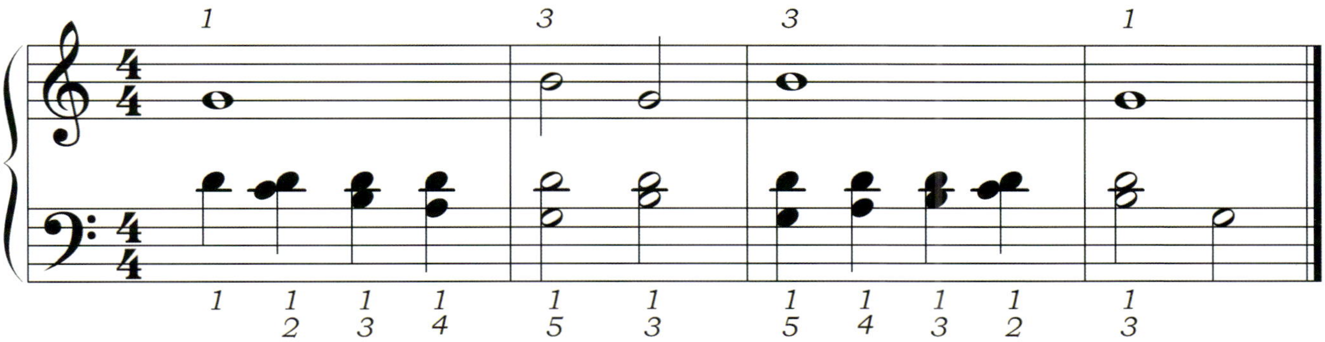

104
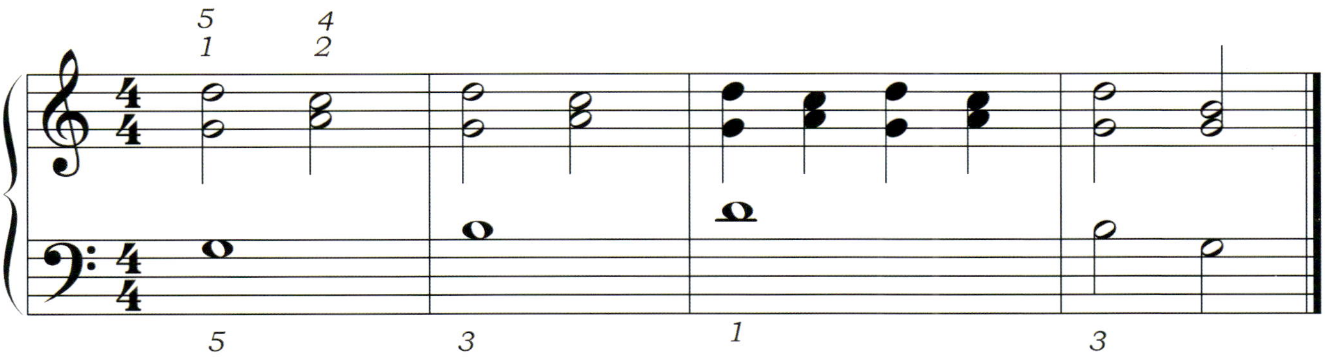

105
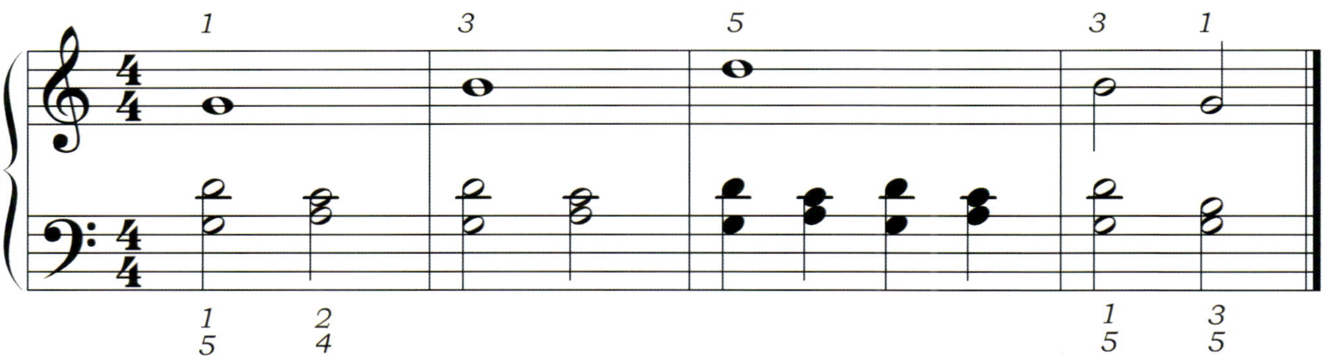

106

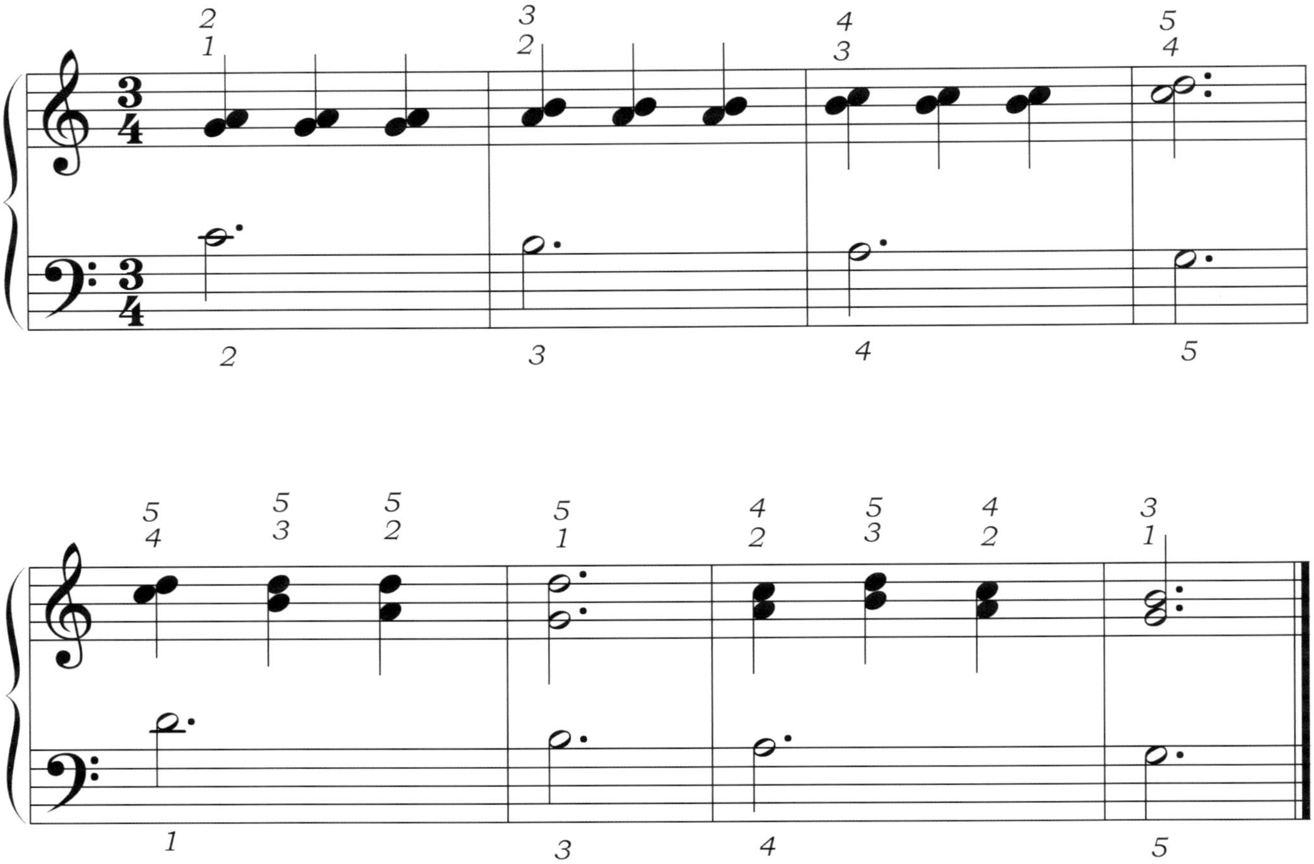

107

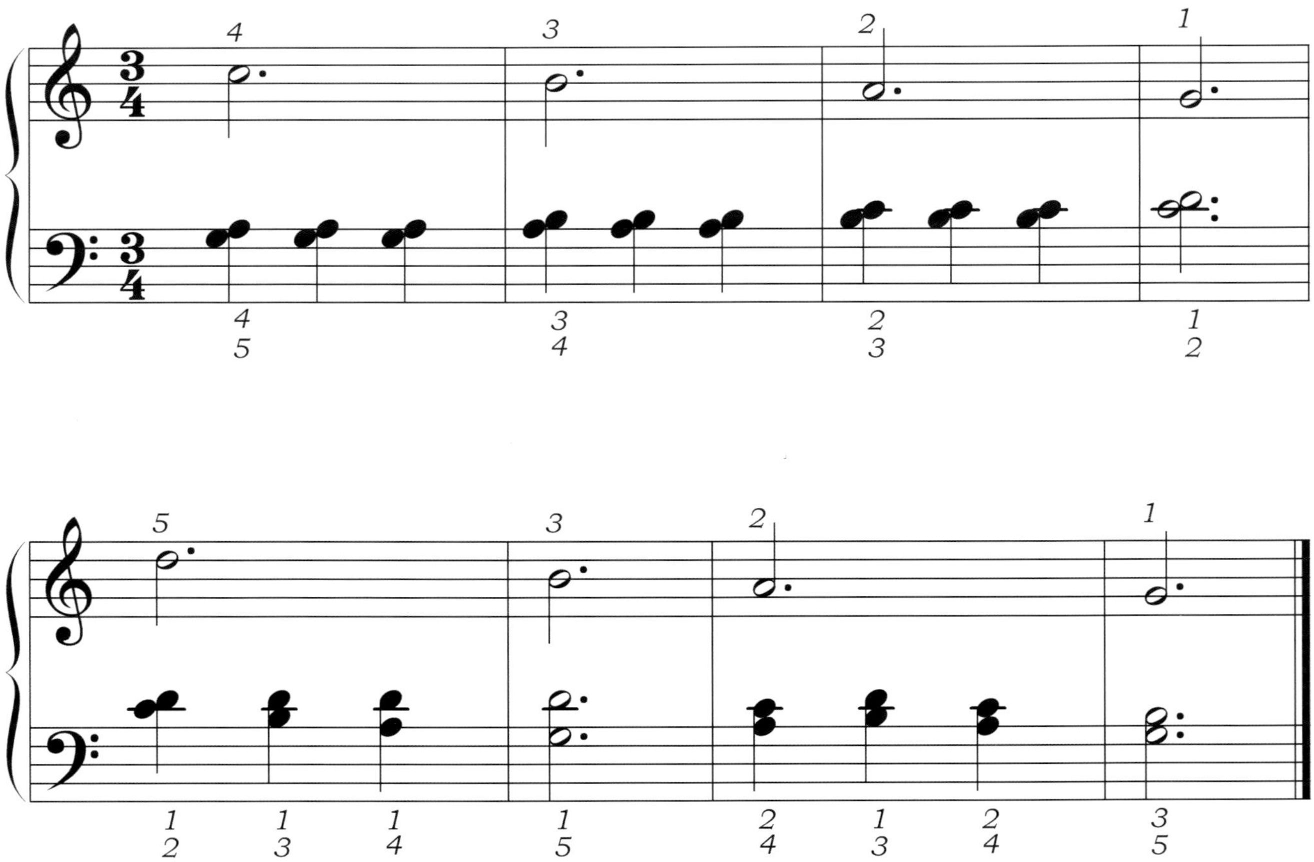

108
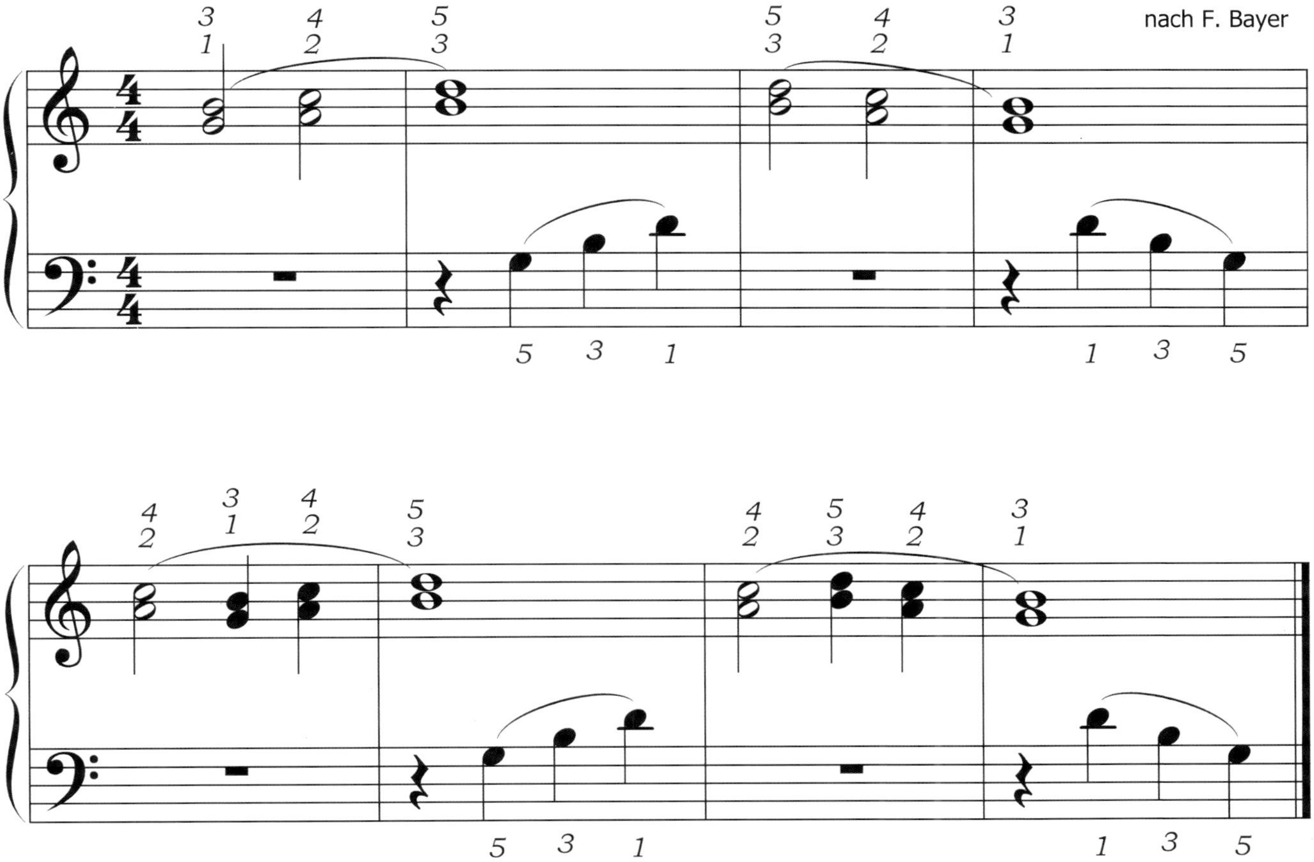

109
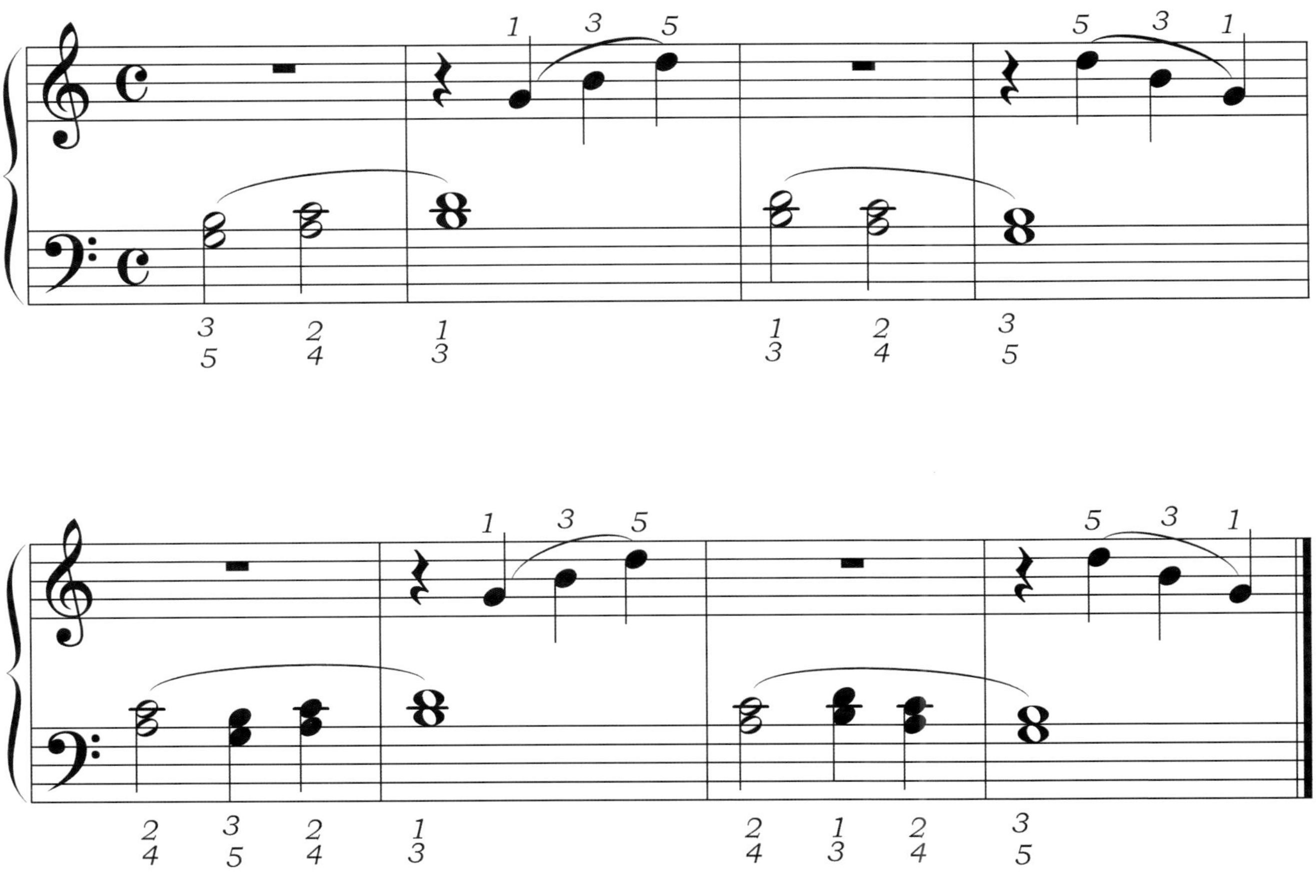

110

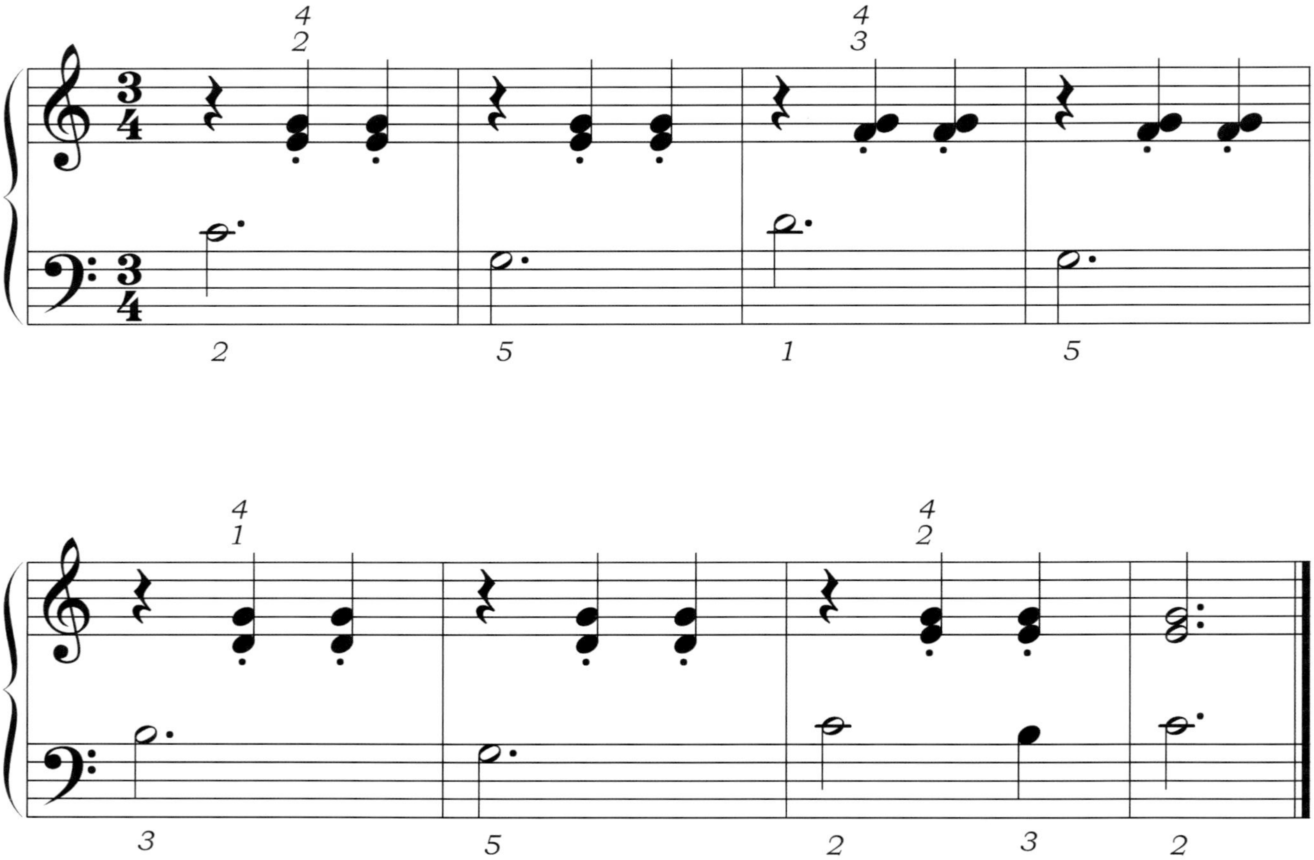

111

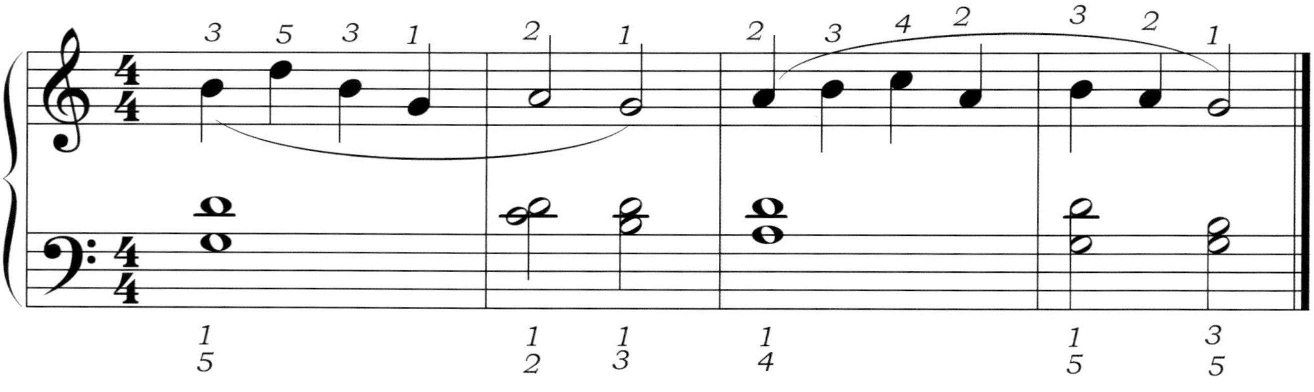

112

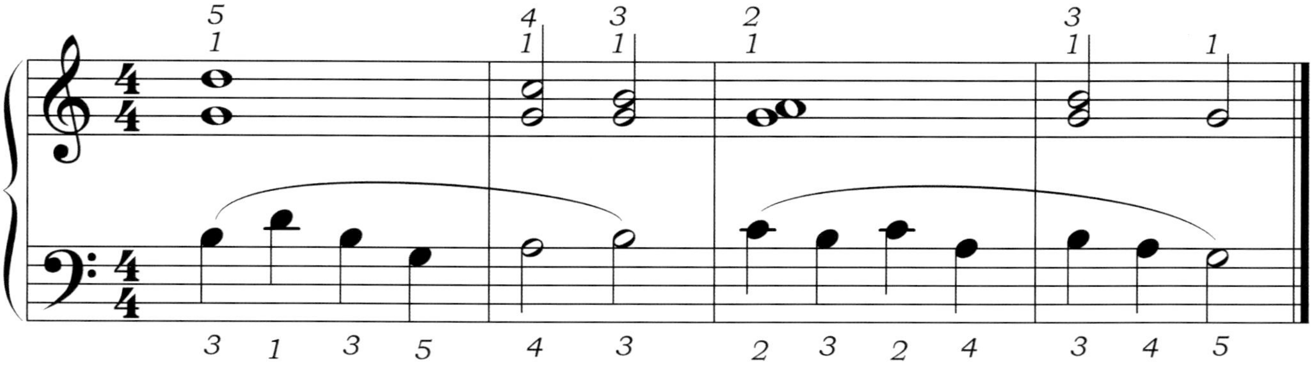

113

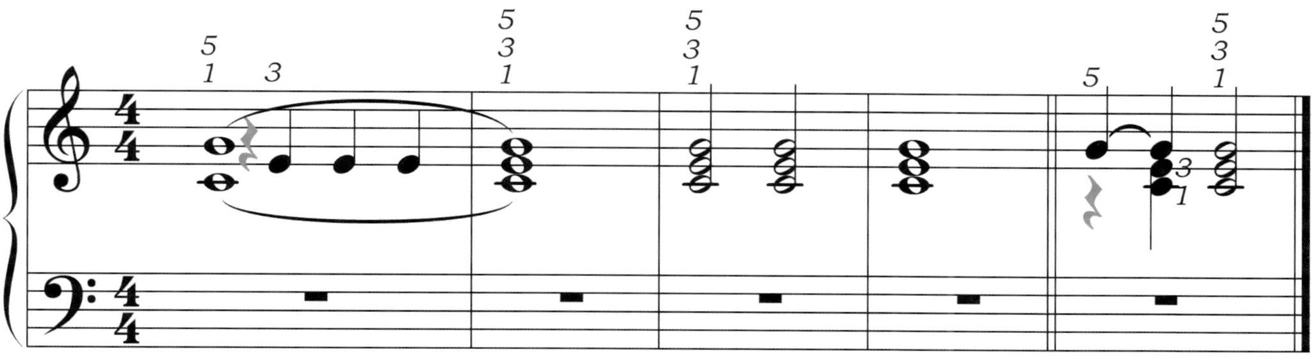

114

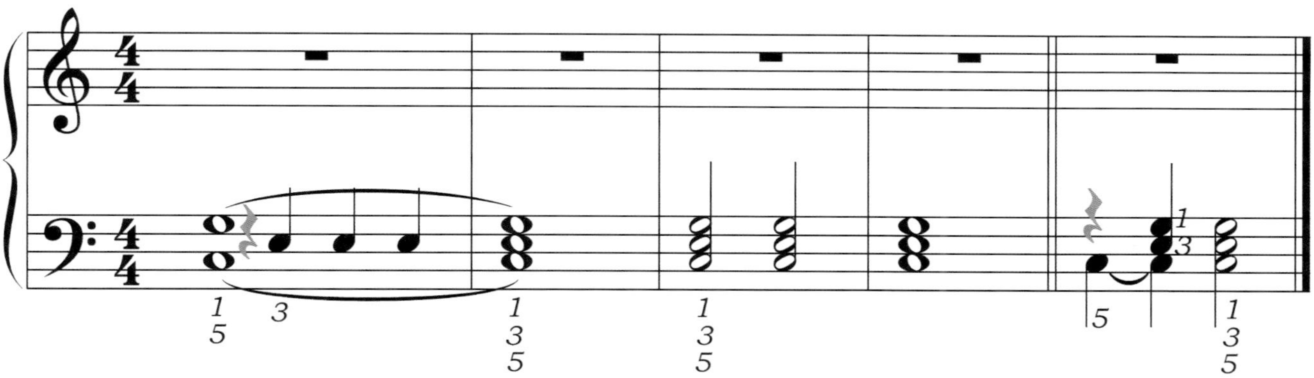

115

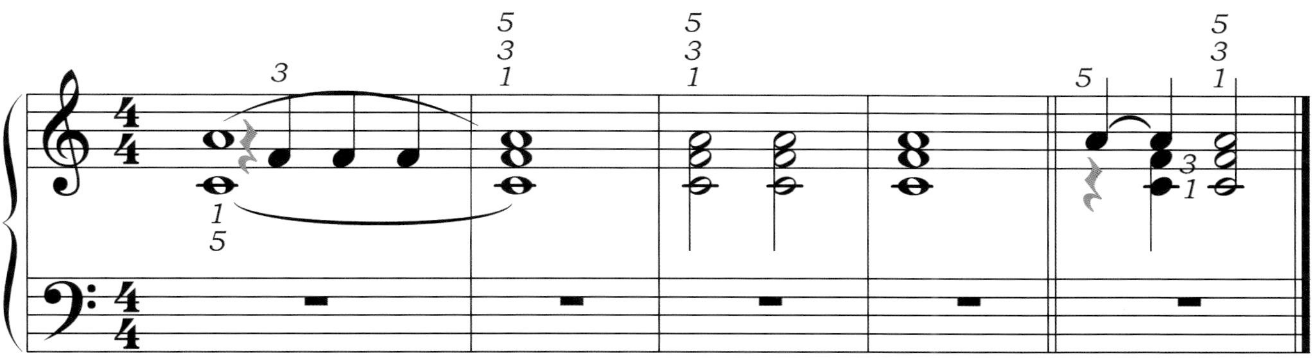

116

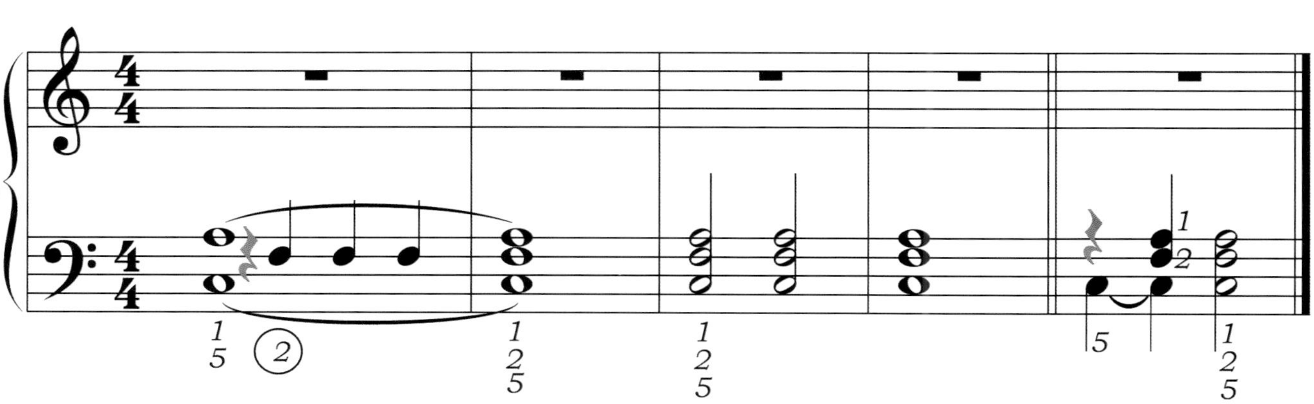

117
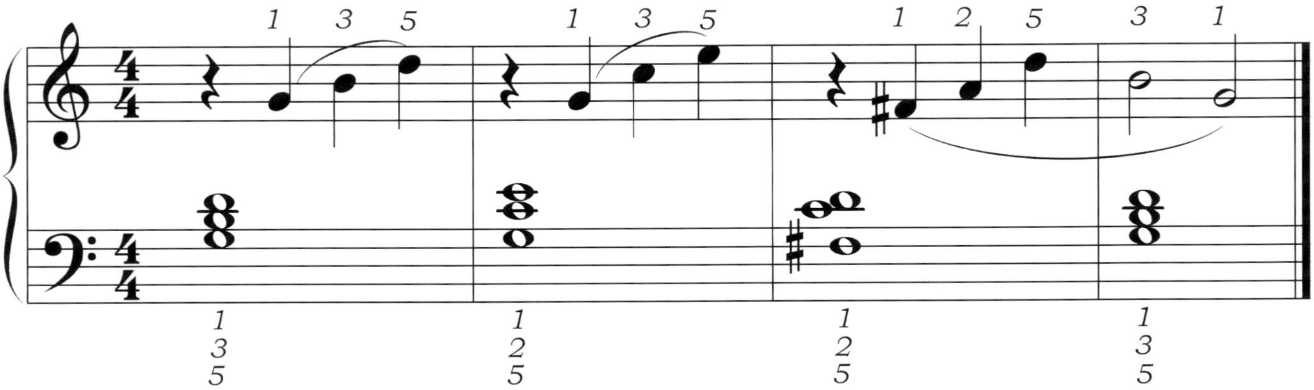

118
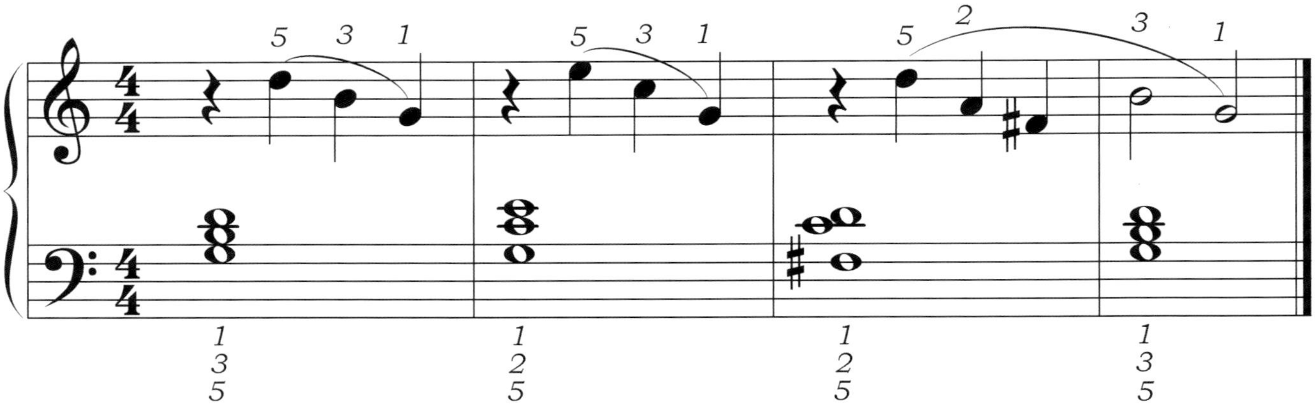

119
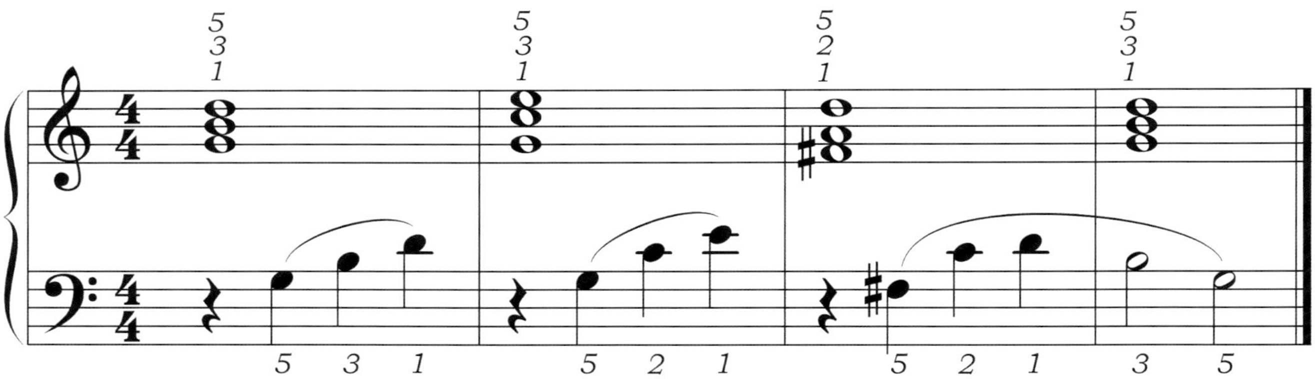

120
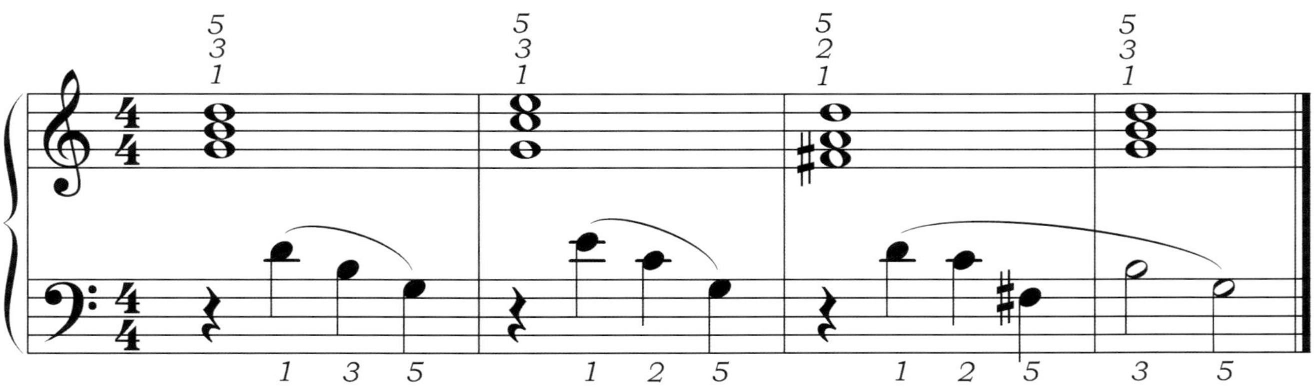

Das musst du wissen

Wir werden diese Noten langsam Schritt für Schritt lernen.

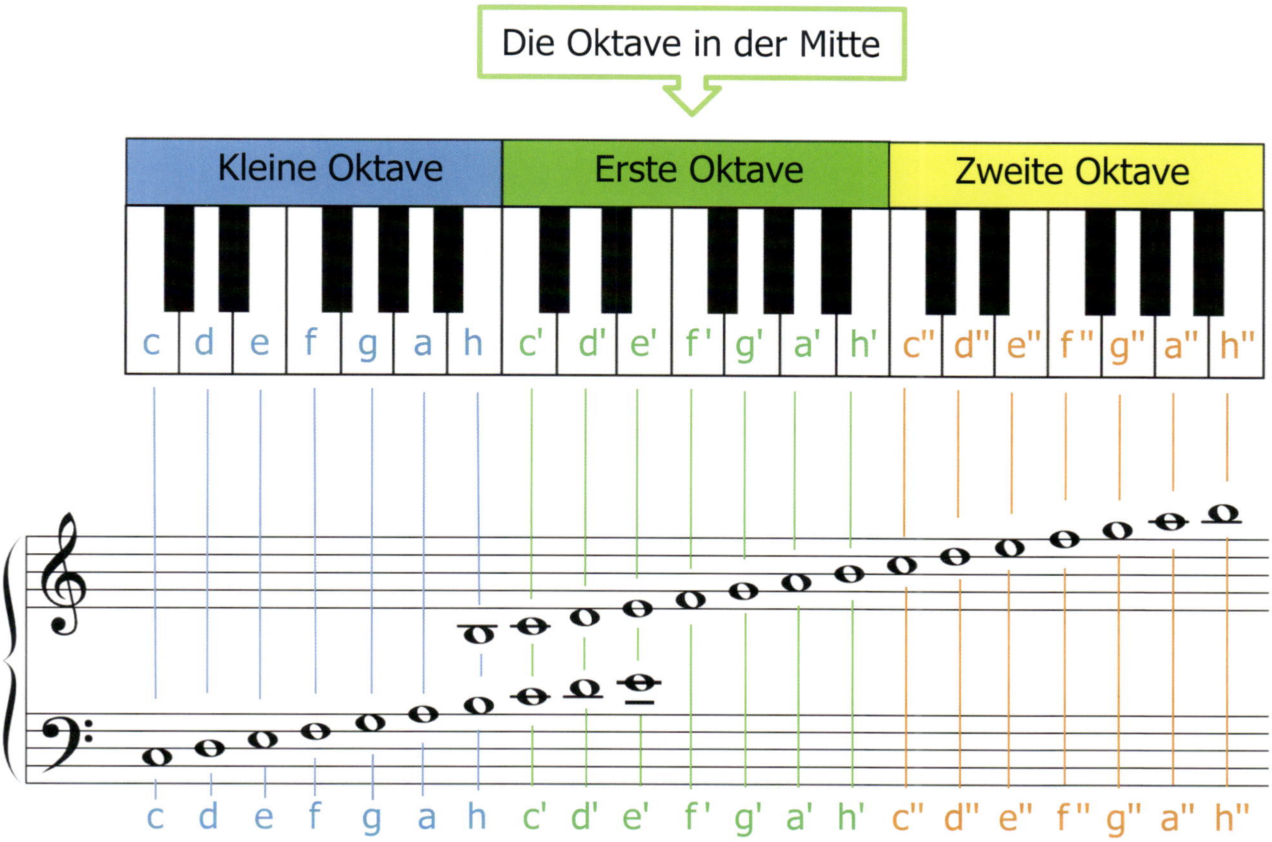

- Die Klaviatur eines Klaviers ist in Oktaven eingeteilt. Jede Oktave beginnt mit dem Ton C. Die Eingestrichene Oktave befindet sich in der Mitte der Klaviatur.

- Es gibt sieben Stammtöne in der Musik: C, D, E, F, G, A, H. Sie wiederholen sich in dieser Reihenfolge in jeder Oktave immer wieder.

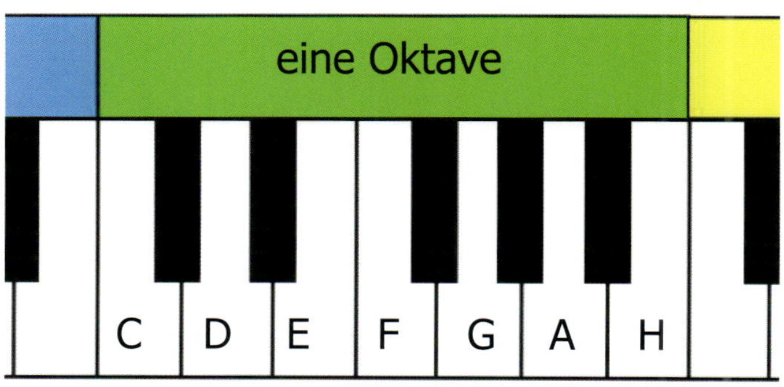

Die Musik wird durch die Noten aufgeschrieben. Für jeden Ton gibt es eine Note. Die Noten werden auf oder zwischen die 5 Linien einer Notenzeile geschrieben. Als Erste wird die unterste Linie gezählt. Wenn fünf Linien einer Notenzeile nicht ausreichen, dann verwendet man Hilfslinien.

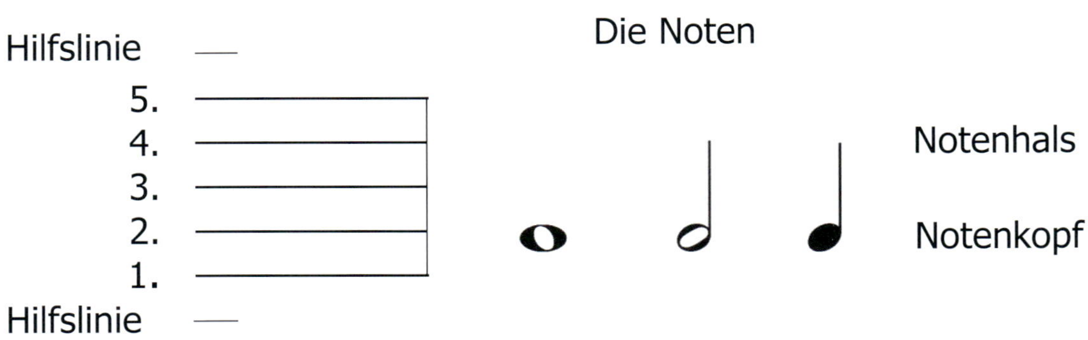

Akkolade (eine geschweifte Klammer) fasst 2 Notenzeilen zusammen:
In der oberen Zeile sind die Noten für die rechte Hand,
in der unteren Zeile sind die Noten für die linke Hand.

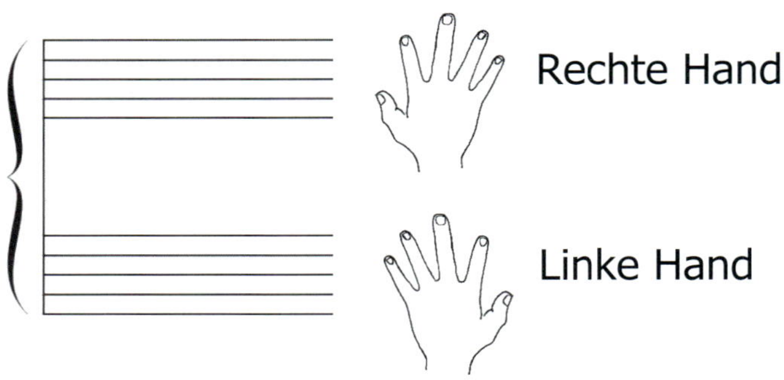

Haltung den Handen

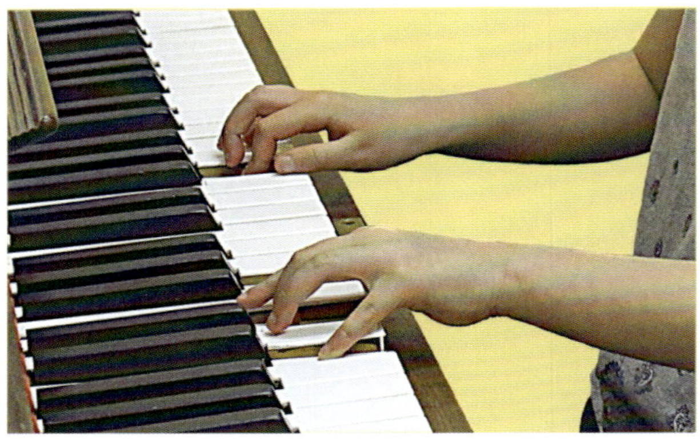

Neben den Noten sieht man oft eine kleine Zahl: Das ist der Fingersatz.
Er gibt an, mit welchem Finger die Note zu spielen ist.
So sind die Finger nummeriert:

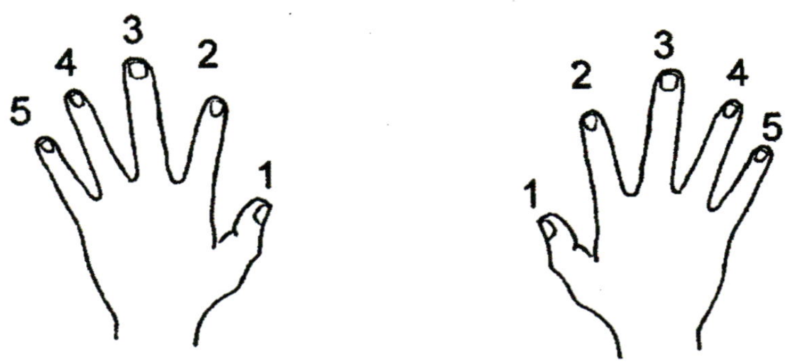

Die Tondauer ist durch den Notenwert bestimmt, der durch das Aussehen einer Note erkennbar ist.

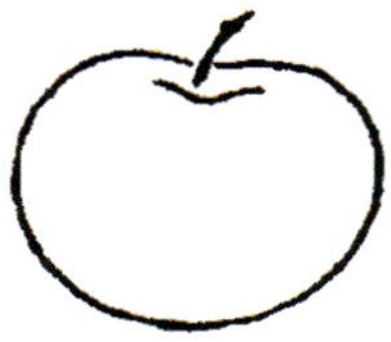

1 Ganze Note

Zähle: 1 – 2 – 3 – 4 –
Klatsche: x

2 Halbe Noten

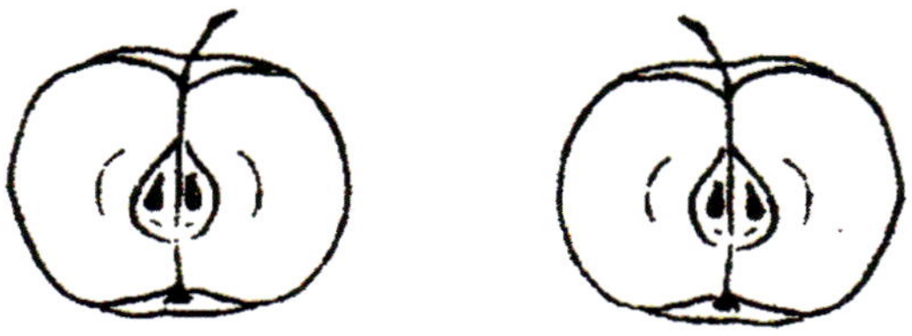

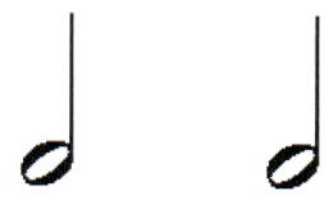

Zähle: 1 – 2 – 3 – 4 –
Klatsche: x x

4 Viertelnoten

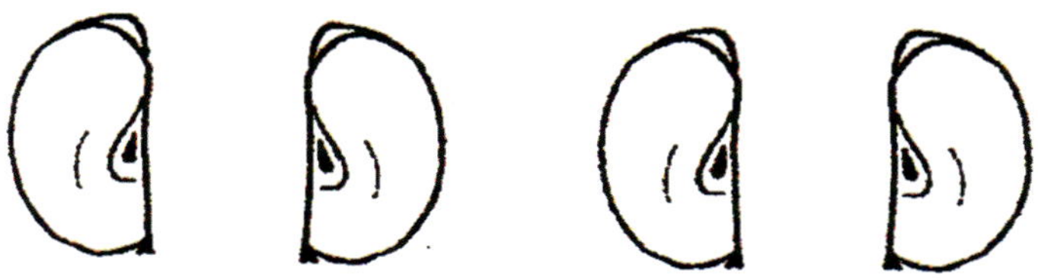

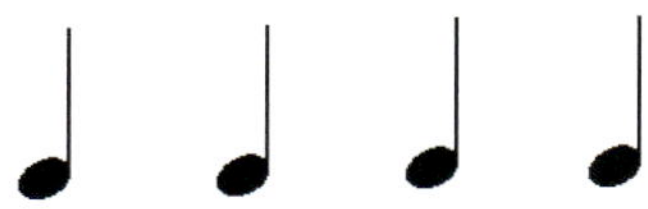

Zähle: 1 – 2 – 3 – 4 –
Klatsche: x x x x

Die Pausen sind Zeichen für Stille.
Die Pausenwerte entsprechen den Notenwerten.

 die ganze Note = die ganze Pause 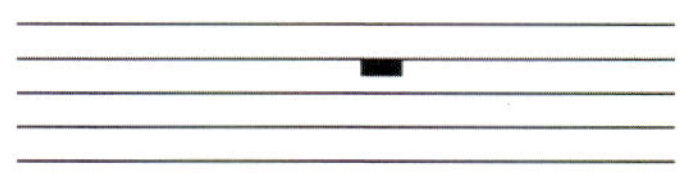

Zähle: 1 – 2 – 3 – 4 – Zähle: 1 – 2 – 3 – 4 –

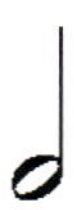 die halbe Note = die halbe Pause 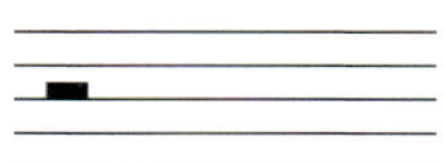

Zähle: 1 – 2 – Zähle: 1 – 2 –

 die Viertelnote = die Viertelpause 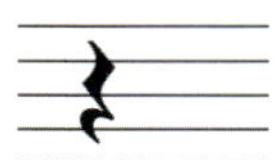

Zähle: 1 – Zähle: 1 –

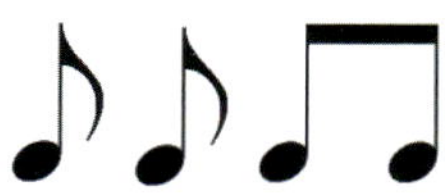 die Achtelnoten = die Achtelpausen 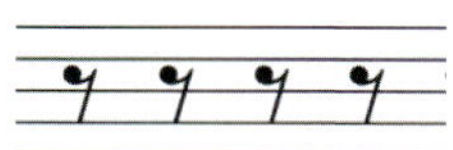

Zähle: 1 und 2 und Zähle: 1 und 2 und

Ein Punkt hinter der Note verlängert diese um die Hälfte ihres Wertes.

Die punktierte halbe Note:

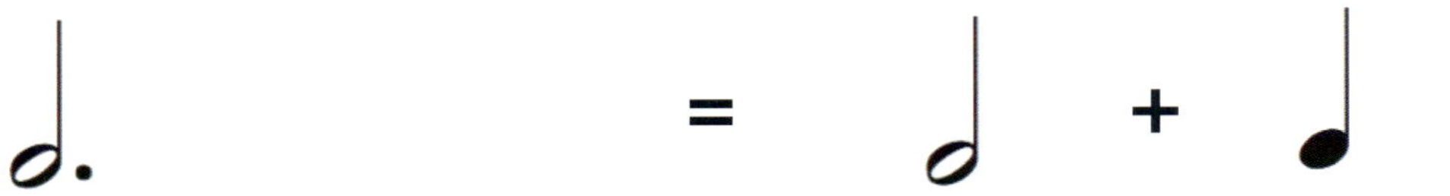

Zähle: 1 und 2 und 3 und — 1 und 2 und 3 und

Die punktierte Viertelnote:

Zähle: 1 und 2 — 1 und 2

Jedes Musikstück ist in kurze gleich dauernde Abschnitte eingeteilt, die "Takte" genannt werden. Sie begrenzen sich durch einen Taktstrich. Der Schwerpunkt liegt im Takt bei dem ersten Schlag. Am Ende eines Musikstückes steht ein Schlussstrich.

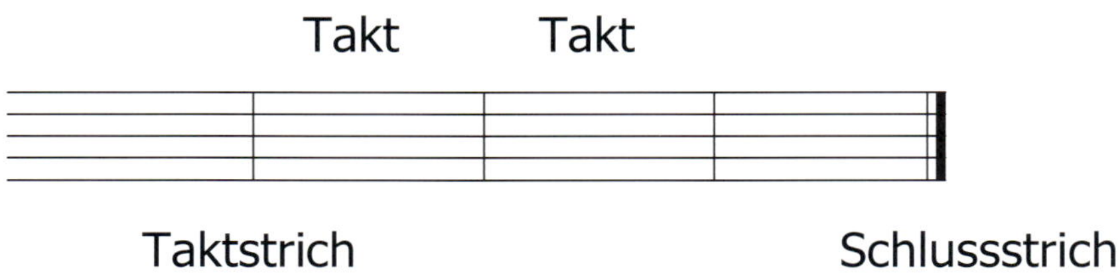

Die Taktarten:

der vier Viertel Takt

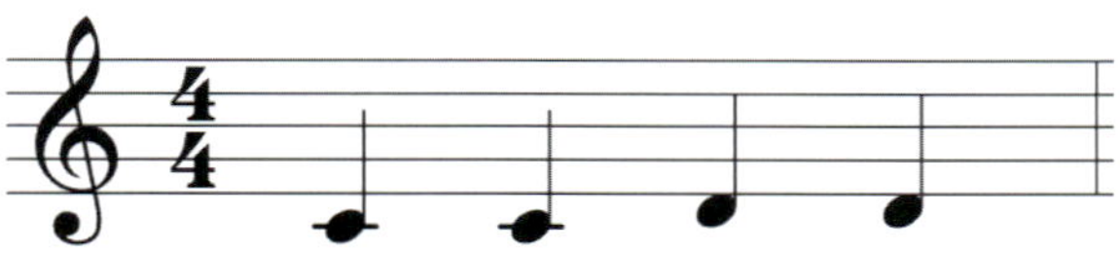

Zähle: 1 – 2 – 3 – 4 –

der zwei Viertel Takt

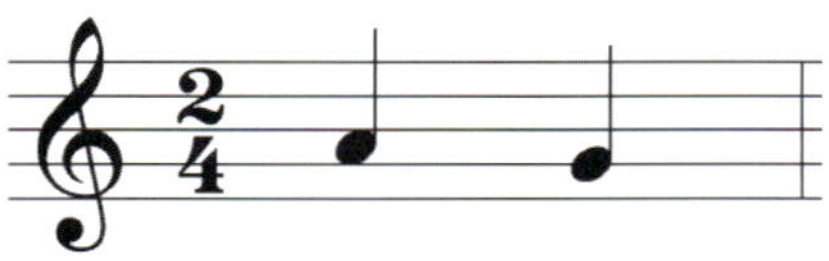

Zähle: 1 – 2 –

der drei Viertel Takt

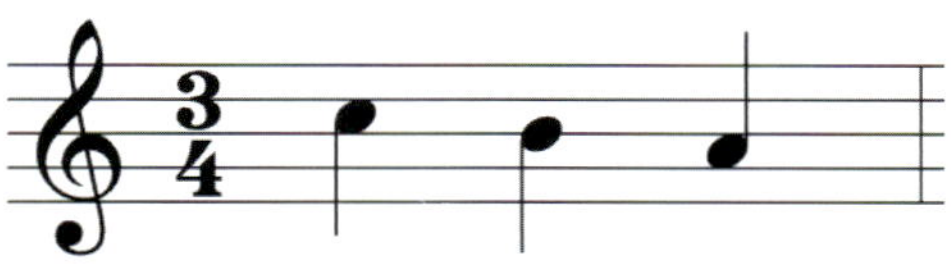

Zähle: 1 – 2 – 3 –

der drei Achtel Takt

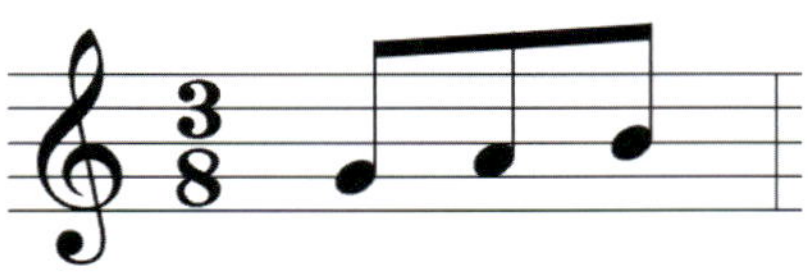

Zähle: 1 2 3